郭　模　著

文史哲學集成

人物志及注校證

文史哲出版社印行

人物志及注校證 / 郭模著. -- 初版 -- 臺北市：
文史哲，民 105.01 印刷
頁；21 公分（文史哲學集成；164）
ISBN 978-957-547-370-9（平裝）

文史哲學集成 164

人物志及注校證

著　者：郭　模
出版者：文史哲出版社
http:// www.lapen.com.tw
e-mail：lapen@ms74.hinet.net
登記證字號：行政院新聞局版臺業字五三三七號
發行人：彭正雄
發行所：文史哲出版社
印刷者：文史哲出版社
臺北市羅斯福路一段七十二巷四號
郵政劃撥帳號：一六一八〇一七五
電話886-2-23511028・傳真886-2-23965656

實價新臺幣三八〇元

一九八七年（民七十六）七月初版
二〇一六年（民一〇五）一月（BOD）初刷

ISBN 978-957-547-370-9　00164

人物志卷上

魏　散騎常侍劉邵撰
涼　儒林祭酒劉昞注

九徵第一

人物情性志氣不同徵神見貌形驗有九

蓋人物之本出乎情性 性質禀之自然情變由於染習是以觀人察物當尋其性質也 情性之理甚微而玄非聖人

書影一　明嘉靖八年上海顧定芳刊本

人物志卷上

魏　散騎常侍劉　邵　撰

涼　儒林祭酒劉　昞　注

九徵第一（人物情性志氣不同徵神見貌形驗有九）

蓋人物之本出乎情性（性質稟之自然情變由於染習是以觀人察物當尋其性質也）情性之理甚微而玄非聖人

書影二　明隆慶六年貞定梁夢龍刊本

人物志卷上

魏　散騎常侍劉　卲　撰

涼　儒林祭酒劉　昞　注

九徵第一　人物情性志氣不同徵神見貌形驗有九

蓋人物之本出乎情性　性質禀之自然情變由於染習是以人察物當尋其性質也　情性之理甚微而玄非聖人

明萬曆五年海岱李氏思益軒刊本　書影三

人物志卷上

魏　散騎常侍劉　邵　撰

涼　儒林祭酒劉　昞　注

九徵第一

人物情性志氣不同徵神見貌形驗有九

蓋人物之本出乎情性性質稟之自然情變由於染習是以觀人察物當尋其性質也情性之理甚微而玄非聖人之察其孰能究之哉知無形狀故常人不能覩惟聖人目擊而照之凡有

明萬曆十年勾吳胡氏刊兩京遺編本　書影四

人物志卷上

魏　散騎常侍劉　邵　撰
凉　儒林祭酒劉　昞　注

九徵第一

人物情性志氣不同徵神見貌形驗有九

蓋人物之本出乎情性性質稟之自然情變由於染習是以觀人察物當尋其性質也情性之理甚微而玄非聖人

書影五　明刻本（原景陽宮藏本）

人物志卷上

魏　散騎常侍劉　邵　撰

涼　儒林祭酒劉　昞　注

九徵第一

人物情性志氣不同徵神見貌形驗有九

蓋人物之本出乎情性 性質稟之自然情變由於染習是以觀人察物當尋其性質也 情性之理甚微而玄非聖人

人物志卷上

魏　散騎常侍劉　邵　撰

涼　儒林祭酒劉　昞　注

九徵第一

（人物情性志氣不同徵神見貌形驗有九）

蓋人物之本出乎情性（性質稟之自然情變由於染習是以觀人察物當尋其性質也）情性之理甚微而玄非聖人之察其孰能究之哉（知無形狀故常人不能覩惟聖人目擊而照之）凡有血氣者莫不含元一以

人物志卷上

魏散騎常侍劉邵撰

涼儒林祭酒劉昞注

九徵第一

人物情性志氣不同徵神見貌形驗有九

蓋人物之本出乎情性性質稟之自然情變由於染習是以觀人察物當尋其性質也情性之理甚微而玄非聖人之察其孰能究之哉知無形狀故常人不能覩惟聖人目擊而照之凡有血氣者莫不含元一以爲質質不至則不能涉寒暑歷四時稟陰陽以立性性資於陰陽故剛柔之意別矣體五行而著形骨勁筋柔皆稟精於金木苟有形質猶可即而求

人物志卷上

魏 劉邵 撰

涼 劉昞 注

九徵第一人物情性志氣不同徵神見貌形驗有九

蓋人物之本出乎情性性質稟之自然情變由於染習是以觀人察物當尋其性質也情性之理甚微而玄非聖人之察其孰能究之哉知無形狀故常人不能觀性聖人目擊而照之凡有血氣者莫不含元一以為質質不[illegible]不能化寒暑歷四時稟陰陽以立性性資於陰陽故剛柔之意別矣體五行而

人物志目錄

人物志卷上

魏　散騎常侍劉　卲　撰

涼　儒林祭酒劉　昞　注

九徵一　體別二

流業三　材理四

九徵第一

人物情性志氣不同徵神見貌形驗有九

蓋人物之本出乎情性性質稟之自然情變由於染習是以觀人察物當尋其性質也情性之理甚微而玄非聖人之察其孰能究之哉知無形狀故常人不能覩推聖人目擊而照之凡有血氣者莫不含元一以為質質不至則不能涉寒暑歷四時稟陰陽以立性性資於陰陽故剛柔之意別矣體五行而著形骨勁筋柔皆稟精於金木苟有形質猶可即而求之由氣色外著故相者得其情素也凡人之質量中和最貴矣質白受采味甘受和中和者百行之根本人情之良田也中和之質必平淡無味惟淡也故五味得和焉若苦則不能甘矣若酸也則不能鹹矣故能調成五材變化應節

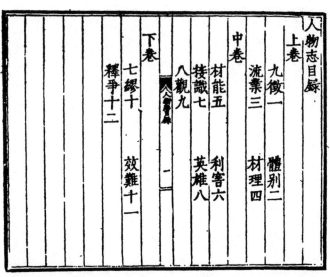

人物志卷上

魏　劉卲撰

涼　劉昞注

九徵第一（人物情性志氣不同徵神見貌形驗有九）

蓋人物之本出乎情性（性質稟之自然情變由於染習是以觀人察物當尋其性質也）情性之理甚微而元非聖人之察其孰能究之哉（知無形狀故常人不能覩惟聖人目擊而照之）凡有血氣者莫不含元一以爲質（質不至則不能涉寒暑歷四時）稟陰陽以立性（性資於陰陽故剛柔之意別矣）體五行而著形（骨勁筋柔皆稟精於金木）苟有形質猶可即而求之（由氣色外著故相者得其情素也）凡人之質量中和最貴矣（質白受采）味甘受和中和者百行之根本人情之良田也）中和之質必平淡無味（惟淡也故

書影十一　四部備要本（中華書局據金臺本校刊本）

罰贖入責㠯呈黃金爲價科有平庸坐臧事㠯爲償臧律益律之初制無免坐之文張湯趙禹始作監臨部主見知故縱之例其見知而故不舉劾者各與同罪失不舉劾各㠯贖論其不見不知不坐也是㠯文約而例通科之爲制每條有違科不覺不知從坐之免不復分別而免坐繁多宜總爲免例㠯省科文故更制定其由例㠯爲免坐律諸律令中有其教制本條無從坐之文者皆從此取法也凡所定增十三篇就故五篇合十八篇于正律九篇爲增于旁章科令爲省矣改漢舊律不行于魏者皆除之更依古義制爲五刑其死刑有三髡刑有四完刑作刑各三贖刑十一罰金六雜抵罪七凡三十有七名㠯爲律首又改賊律但㠯言語及犯宗廟園陵謂之大逆無道腰斬家屬從坐不及祖父母孫至于謀反大逆臨時捕之或污豬或梟菹夷其三族不在律令所㠯嚴絕惡路也賊鬭殺人㠯劾而亡許依古義聽子弟得追殺之

人物志序

夫聖賢之所美莫美乎聰明聰明之所貴莫貴乎知人知人誠智則眾材得其序而庶績之業興矣是㠯聖人著爻象則立君子小人之辭敘詩志則別風俗雅正之業制禮樂則攷六藝祇庸之德躬南面則援俊逸輔相之材皆所㠯達眾善而成天功也天功既成則並受名譽是㠯堯㠯克明俊德爲稱舜㠯登庸二八爲功湯㠯拔有莘之賢爲名文王㠯舉渭濱之叟爲貴由此論之聖人興德孰不勞聰明于求人獲安逸于任使者哉是故仲尼不試無所援升猶序門人㠯爲四科泛論眾材㠯辨三等又歎中庸㠯殊聖人之德尚德㠯勸庶幾之論訓六蔽㠯戒偏材之失思狂狷㠯通拘抗之材疾悾悾而無信㠯明僞似之難保又曰察其所安觀其所由㠯知居止之行人物之察也如此其詳是㠯敢依聖訓志序人物庶㠯補綴遺忘惟博識君子裁覽其義焉（宋本人物志）

書影十二　全上古三代秦漢三國六朝文本

人物志卷上

魏　廣平劉邵著
京　燉煌劉昞注
明　新安程榮校

九徵第一（人物情性志氣不同徵神見貌形驗有九）

蓋人物之本出乎情性（性質稟之自然情變由於染習是以觀人察物當尋其性也）情性之理甚微而玄非聖人之察其孰能究之哉（質知無形狀故常人不能覩惟聖人目擊而照之）凡有血氣者莫不含元一以爲質（質不至則不能涉寒暑歷四時）稟陰陽以立性（性資於陰陽故剛柔之意別矣）

體五行而著形（骨勁筋柔皆稟精於金木）苟有形質猶可即而求之（由氣色外著故相者得其情素也）凡人之質量中和最貴矣（質白受采味甘受和中和者百行之根本人情之良田也）中和之質必平淡無味（惟淡也故五味得和焉若苦則不能甘矣若酸也則不能鹹矣）故能調成五材變化應節（平淡無偏群材必御致用有宜通變無滯）是故觀人察質必先察其平淡而後求其聰明（譬之驥騄雖超逸絕群若氣性不和必有毀衡碎首決胸之禍也）聰明者陰陽之精（離目坎耳視聽之所由也）陰陽清和則中叡外明聖人淳耀能兼二美知微知章（耳目兼察通幽達微官材授方舉無遺失）自非聖人莫能兩遂（雖得之於目或失之於耳）故明白之士達動

書影十三　程刻漢魏叢書本

序

儒家以知人爲知，以「舉賢才」爲爲政之要，故云：「其人存，則其政舉」、「國無仁賢，其國空虛」，而人物志一書，上承東漢清議之餘緒，下眩魏晉名理之玄風，主于辨析人物、以外見之符，驗內藏之器，觀情索性，尋流照原，實理政之要籍也，隋唐志均列於名家，然四庫總目謂其究悉物情，而兼諸家之說，始改入雜家。至涼劉昞始爲之注，除劉知幾「史通」自序及李衞公「窮愁志」略論及外，他書罕見稱述。宋阮逸嘗序云：「由魏至宋，歷數百載，其用尙晦，而鮮有知者，吁可惜哉！」

今觀此書凡十二篇，各篇題旨不一，體制亦異，而實條貫統序，一意相承，致能流傳於後世，信非偶然也。

歲次壬戌，于先生長卿勗模董理人物志，因取程刻漢魏叢書本爲底本，搜集諸家板本，相互讎校，並採摭古注、類書引文，以理其訛脫，正其疏誤，展轉互證，時歷二載。乙丑暮春，先生又屬余探討「人物志人才之品鑒及其歷史淵源」，復歷時一載，撰述乃成。稾成付梓之前，復蒙傅師錫壬詳爲審正，名之曰「人物志及注校證」，蓋冀藉訓詁之功，以達洞見其閫奧之恉也。模資質駑鈍，疏誤難免，惟期博雅君子，匡而敎正之。

中華民國七十六歲次丁卯初夏郭模謹識于台北

人物志及注校證　目次

壹、通論

人物志三卷，魏，邯鄲，劉邵撰。考隋書經籍志、馬總意林、新唐書藝文志、王應麟玉海卷五十七、通志藝文略、郡齋讀書志、直齋書錄解題、文獻通考經籍考、焦竑國史經籍志、崇文總目、鄭堂讀書記、廉石居藏書記、四庫全書，並著錄人物志三卷，惟玉海五十七引中興館閣書目作二卷，疑因傳刻之誤。案隋志惟載劉邵書，不載昞注，唐志於劉邵人物志之外，又有劉炳注三卷，不著時代。讀書志、書錄解題、通志、通考、國史經籍志、廉石居藏書記、鄭堂讀書記，惟載昞注三卷。崇文總目宋志所載，俱不言及昞注，蓋即有注之本也。

人物志三卷，凡十二篇，諸家書目著錄者多無異辭，惟通考經籍考引晁民曰：「以人之材器，志尚不同，當以九徵、八觀審查而任使之凡十六篇」。四庫總目云：「劭書凡十二篇，首尾完具。晁公武讀書志作十六篇疑傳寫之誤。」余嘉錫四庫提要辨證則云：「案所謂晁公武作十六篇者，據衢州本讀書志言之耳。若袁州本讀書志卷三上則固作十二篇也。然修四庫書時，實未見衢州本。此蓋從文獻通考卷二百十二轉引而未考之本書耳。提要之引晁、陳書，往往如此。其誤已屢見不一見矣」。今本讀書志作十二篇。

人物志一書，主于論辨人才，以外見之符，驗內藏之器，分別流品，剖析疑似，蓋近於名家之言，故隋志以下，皆著錄于名家。四庫總目謂其究悉物情，而兼諸家之說，始改入雜家。晉阮逸云：「其述性品之上下材質之兼偏，研幽摘微，一貫於道，若度之長短，權之輕重，無銖髮蔽也，大抵考諸行事而約人於中庸之域，誠一家之善志也」。鄭旻跋文云：「辨性質而準之中庸，甄材品以程其職任，事核詞章，三代而下，善評人品者，莫或能踰之矣。邵生漢末，乃其著論體裁，纚然有荀卿、韓非風致，而亹亹自成一家言」。劉元霖再刻附題云：「邵之為志也，九徵以驗情，體別以辨性，流業、材理、材能而精品任，利害、接識、英雄而定能稱，有八觀則志剖，有七繆則非燭，責副而佐之乎效難，平忿而揆之於釋爭」。

案人物志論人之道，迺由漢人對人物才性品鑒而來，若從「學」方面而言，人物志可稱之為「才性名理」。「才性名理」以人物志為起始，下賅鍾會之「四本論」說（論才性之同、異、離、合。傅嘏論同，李豐論異，王廣論離，鍾會論合）。考唐趙蕤之長短經言「知人」，亦多出自劉卲之說。無怪乎四庫全書提要云：「長短經九卷，其言不悖於儒者，其文格亦頗近荀悅申鑑，劉邵人物志，猶有魏晉之遺」。

人物志作者姓名，爭議甚多。案四庫全書總目云：「邵，字孔才，邯鄲人。黃初中，官散騎常侍，正始中，賜爵關內侯，事迹具三國魏志。別本或作劉劭，或作劉邵。此書末有宋庠跋云，據今官書魏志作勉劭之劭，從力，他本或從邑者晉邑之名。案字書，此二訓外，別無他釋，然俱不協孔才之義。說文則爲邵，音同上，但召　旁從卩耳，訓高也。李舟切韻訓美也。高美又與孔才義符。楊子法言曰：『周公之才之邵是也』，所辨精核，今從之」。又案說文九上：「邵，高也，从卩召聲」段注：「廣雅釋詁同法言曰，公儀子董仲舒之才之邵也」。是劉邵之名，當以邵爲是。

人物志，至劉昞始作注解。四庫全書總目云：「昞字延明，燉煌人，舊本名上結銜，題涼儒林祭酒，蓋李暠時，嘗授是官，然十六國春秋稱，沮渠蒙遜平酒泉，授昞秘書郎專管注記。魏太武時授樂平從事中郎，則昞歷事三主，署涼官者誤矣」。案四庫全書簡明目錄、增訂四庫簡明目錄標注、鄭堂讀書記皆署北魏，宋人文寬夫題記作十六國，然余嘉錫則謂今本之題涼官，未嘗誤也，其提要辨證駁云：「郡齋讀書志卷十一作僞涼燉煌劉昞注。直齋書錄解題卷十云，梁儒林祭酒燉煌劉昞注。梁史無劉昞，中興書目云爾，晁氏云僞涼人。夫以涼爲梁，自是中興書目之誤，然其題儒林祭酒則不誤也。考魏書有劉昞傳略云，劉昞字延明，敦煌人也，李暠私署徵爲儒林祭酒從事中郎，遷撫夷護軍。昞以三史文繁著畧記百三十篇八十四卷，涼書十卷、敦煌實錄二十卷、方言三卷、靖恭堂銘一卷、注周易、老子、人物志、黃石公三畧並行於世。蒙遜平酒泉拜秘書郎專管注記。牧犍尊爲國師。世祖平涼州，夙聞其名，拜樂平王從事中郎，在姑藏歲餘思鄉而返至涼州西四百里韮谷窟遇疾而卒。北史劉延明傳同，不言其名昞者，避唐諱耳。昞之事蹟載於正史者彰著如此，提要捨而不引，顧取明人屠喬孫所撰之十六國春秋以爲據，何哉！昞雖歷事三主，然本傳敍昞所著述皆在李暠之世，則今本之題涼官，據其著書時言之，初未嘗誤也。隋志霸史類有涼書十卷，注云記張軌事，爲涼大將軍從事中郎劉景撰，是亦題涼官，豈亦誤耶？」則今本之題涼官不誤。昞注不涉訓詁，惟疏通大意，而文詞甚爲簡古，猶有魏晉遺風。鄭堂讀書記亦云：「延明著書甚富，存者惟有是注，其注疏通大義，不沾沾于訓詁，詞致簡括」。

考今存人物志刻本有十，鈔本有二（皆詳於凡例）。各本最優爲藍格鈔本、梁夢龍刊本，其次爲四庫全書本、四部叢刊本，再次爲顧定芳刊本、明刻本、葉刊評點本，其他各本模雖曾取以校讎，但可取者甚少，尤以兩京遺編本，中卷一冊亡佚，下卷墨釘甚多，李氏思益軒刊本字跡模糊，時有缺文，四部備要本係本之金臺本，然已自圉櫐櫐，錯訛屢見，皆已大失原書神皃矣。若文寬夫題記云：「人物志三卷十二篇，案隋唐經籍志篇第皆與今同，列于名家，十六國時燉煌劉昞重其書始作注解，然世所傳本多謬誤」，實不爲過也。

茲將今本各本源流分析如左：（附圖）

一、四庫全書總目云：「此本爲萬曆甲申河間劉用霖所刊，蓋用隆慶壬申鄭旻舊板修之猶古本云」。鄭堂讀書記謂文瀾閣本即據劉本寫定，而墨海金壺本亦從劉本校梓，冠以提要一篇，是鄭旻刻本爲四庫本、墨海金壺本祖本，殆無可疑。

一、李氏思益軒本上卷後附載劉元霖（「元」，四庫作「用」）再刻附題云：「板行既久，木腐字蝕，無當於觀，予從而新之。既完聊述所見」，則劉元霖初所見者，即李氏思益軒本也，後乃據鄭旻重刻本再刻之，即四庫所本者也。又兩京遺編本墨釘甚多，與李氏思益軒本多同，疑其祖本必同。二本雖均成書在萬曆間，然不及他本之善也。

一、四部叢刊本係出於涵芬樓明正德刊本，其卷末有鄭旻重刻跋文曰：「顧其書獲見者少，又脫落難讀。大中丞眞定梁公，持節鉞拊鎭中州，熊車所莅，吏稱民安。爰覓善本加訂正刻之」，則知鄭旻刻本必本於正德刊本而又重刻者也。又梁公者梁夢龍也，其刊本必出於鄭旻刻本無疑。又考正德與隆慶年間相距六十餘年，今本四部叢刊本字跡淸晰，少有脫誤，斷非正德年間刊本舊皃，疑亦經鄭旻訂正補入者也」。

一、四部備要本係據金臺本，文中，凡「玄」字，皆書作「元」，蓋避淸聖祖諱耳。繇此觀之，此本當成書於清代，且不早於康熙年間。今觀其書已白圍纍纍，與李氏思益軒本多同，疑金臺本乃本於李氏思益軒本也。如：體別篇「每在寬容」，「每」竝作「美」，其證一也；又流業篇：「與一材同用好」，竝脫「用」字，其證二也。

一、顧定芳刊本、明刻本、明刊本、藍格鈔本各本互校多同，知同出一源，如：材能篇「鹽人調鹽，醢人調醢」，「調醢」俱作「調酢」。八觀篇注：「身其體氣」俱作「尋其體氣」；又「正人哀」「能者歎」「術人思」「貪者憂」，並作「哀哀」「歎歎」「思思」「憂憂」，是其證也。

一、顧定芳刊本，題識略云：「定芳獲覩抄本于儼山伯氏。請錄較鏤以廣修身知人之意。」惜，伯氏本不見傳本。

一、葉刊評點本末有三國志魏志劉邵傳全文暨宋庠跋記，異於他本，疑另有所據耳。

一、全上古三代秦漢三國六朝文，全三國文收有宋本人物志，惜止有序文，無助於校讎也。

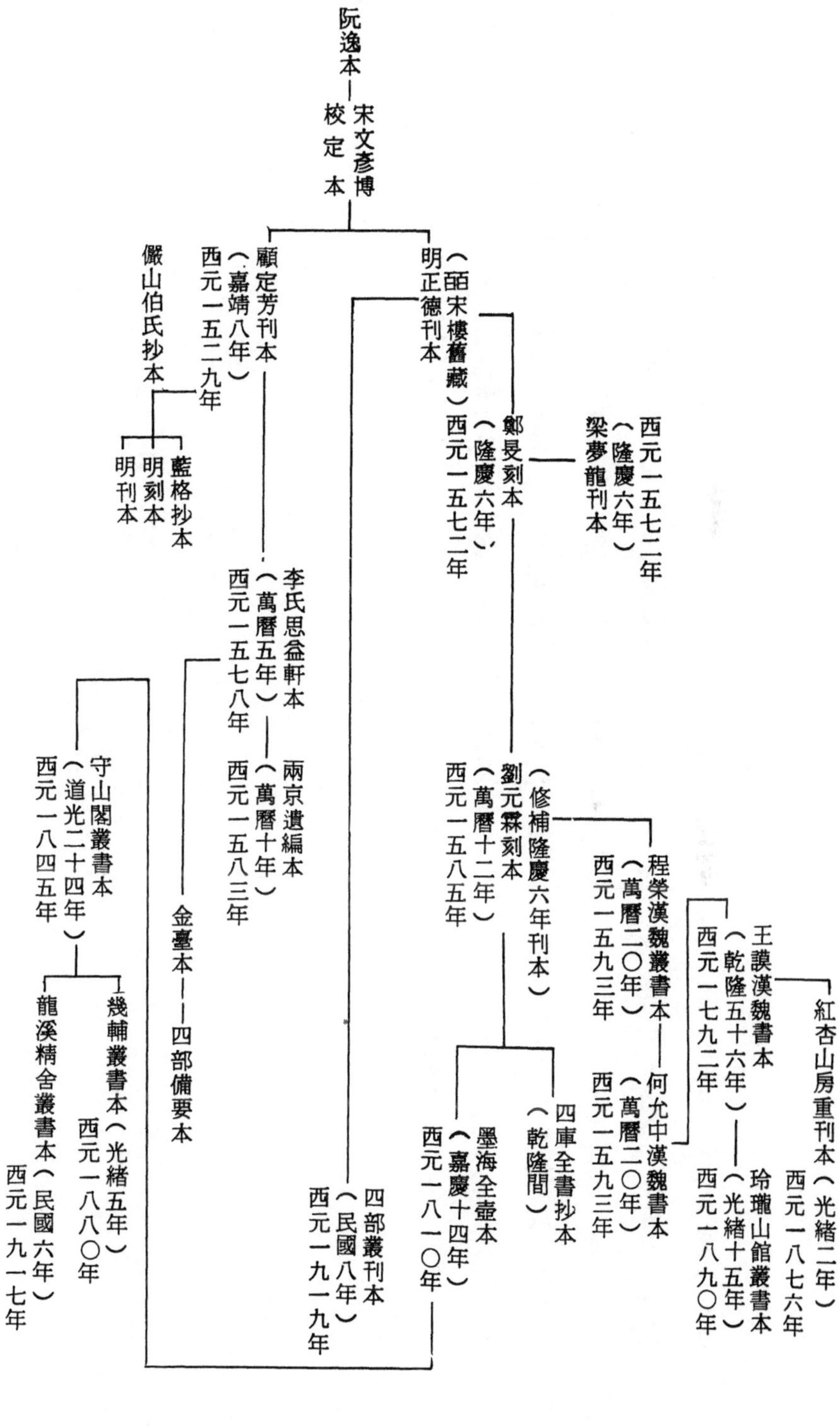
阮逸本
宋文彥博校定本
顧定芳刊本（嘉靖八年）西元一五二九年
明正德刊本（皕宋樓舊藏）
儼山伯氏抄本
藍格抄本
明刻本
明刊本
鄭旻刻本（隆慶六年）西元一五七二年
梁夢龍刊本（隆慶六年）西元一五七二年
李氏思益軒本（萬曆五年）西元一五七八年
兩京遺編本（萬曆十年）西元一五八三年
金臺本
四部備要本
守山閣叢書本（道光二十四年）西元一八四五年
幾輔叢書本（光緒五年）西元一八八〇年
龍溪精舍叢書本（民國六年）西元一九一七年
四部叢刊本（民國八年）西元一九一九年
劉元霖刻本（萬曆十二年）西元一五八五年
（修補隆慶六年刊本）
程榮漢魏叢書本（萬曆二〇年）西元一五九三年
何允中漢魏書本（萬曆二〇年）西元一五九三年
王謨漢魏書本（乾隆五十六年）西元一七九二年
紅杏山房重刊本（光緒二年）西元一八七六年
玲瓏山館叢書本（光緒十五年）西元一八九〇年
四庫全書抄本（乾隆間）
墨海全壺本（嘉慶十四年）西元一八一〇年

一、前　言

我國古來學者，對於人才，向極重視。或論究倫才之要務，或提供官人之方術，雖片語隻詞，散見於經籍子集中，要亦足資省覽，引爲鑑戒。若求其系統專著，則劉邵之人物志厥爲巨擘。邵於漢獻帝建安中嘗爲計吏，魏明帝景初中，受詔作都官考課，故尤諳於吏治。陳壽嘗稱之云：「該覽學籍，文質周洽」，所著書頗有獨到之見。近人論述者甚多，有：唐君毅、牟宗三、勞思光、程兆熊、湯丹彤、彭震球、王化岐、馬起華、郭有遹、陳森甫、林麗眞、何啓民、隱厂、余英時諸先生及周師紹賢，皆用力宏深，論述精闢。晚資質駑鈍，僅能領略一、二。茲於校讎之餘，就所得略予論列於后。

二、劉劭、劉昞之生平

劉劭生平略見三國志魏志本傳，曰：「字，孔才，廣平邯鄲人也。建安中爲計吏，詣許。太史上言：『正旦當日蝕。』劭時在尙書令荀彧所，坐者數十人，或云當廢朝，或云宜卻會。劭曰：『梓愼、裨竈，古之良史，猶占水火，錯失天時。禮記曰諸侯旅見天子，及門不得終禮者四，日蝕在一。然則聖人垂制，不爲變（異）豫廢朝禮者，或災消異伏，或推術謬誤也。』彧善其言。敕朝會如舊，日亦不蝕。

御史大夫郗慮辟劭，會慮免，拜太子舍人，遷秘書郎。黃初中，爲尙書郎、散騎侍郎。受詔集五經羣書，以類相從，作皇覽。明帝即位，出爲陳留太守，敦崇敎化，百姓稱之。徵拜騎都尉，與議郎庾嶷、荀詵等定科令，作新律十八篇，著律略論。遷散騎常侍。時聞公孫淵受孫權燕王之號，議者欲留淵計吏，遣兵討之。劭以爲『昔袁尙兄弟歸淵父康，康斬送其首，是淵先世之效忠也。又所聞虛實，未可審知。古者要荒未服，脩德而不征，重勞民也。宜加寬貸，使有以自新。』後淵果斬送權使張彌等首。劭嘗作趙都賦，明帝美之，詔劭作許都、洛都賦。時外興軍旅，內營宮室，劭作二賦，皆諷諫焉。

青龍中吳圍合肥，時東方吏士皆分休，征東將軍滿寵表請中軍兵，幷召休將士，須集擊之。邵議以爲『賊衆新至，心專氣銳。寵以少人自戰其地，若便進擊，不必能制。寵求待兵，未有所失也。以爲可先遣步兵五千，精騎三千，軍前發，揚聲進道。震曜形勢。騎到合肥，疏其行隊，多其旌鼓，曜兵城下，引出賊後，擬其歸路，要求糧道。賊聞大軍來，騎斷其後，必震怖遁走，不戰自破賊矣。』帝從之。兵比至合肥，賊果退還。

時詔書博求衆賢。散騎侍郎夏侯惠薦邵曰：『伏見常侍劉邵，深忠篤思，體周於數，凡所錯綜，源流弘遠，是以羣才大小，咸取所同而斟酌焉。故性實之士，服其平和良正；清靜之人，慕其玄虛退讓；文學之士，嘉其推步詳密；法理之士，明其分數精比；意思之士，知其沈深篤固；文章之士，愛其著論屬辭；制度之士，貴其化略較要；策謀之士，贊其明思通微。凡此諸論，皆取適己所長，而舉其支流者也。臣數聽其清談，覽其篤論，漸漬歷年，服膺彌久，實爲朝廷奇其器量。以爲若此人者，宜輔翼機事，納謀幃幄，當與國道俱隆，非世俗所常有也。惟陛下垂優游之聽，使邵承清閒之歡，得自盡於前，則德音上通，煇燿日新矣。』

景初中，受詔作都官考課。邵上疏曰：『百官考課，王政之大較，然而歷代弗務，是以治典闕而未補，能否混而相蒙。陛下以上聖之宏略，愍王綱之弛頹，神慮內鑒，明詔外發。臣奉恩曠然，得以啓曚，輒作都官考課七十二條，又作說略一篇。臣學寡識淺，誠不足以宣暢聖旨，著定典制。』又以爲宜制禮作樂，以移風俗，著樂論十四篇，事成未上。會明帝崩，不施行。正始中，執經講學，賜爵關內侯。凡所撰述，法論、人物志之類百餘篇。卒，追贈光祿勳。子琳嗣。」

劉昞生平略見魏書本傳及北史劉延明傳，其要云：「劉昞字延明，燉煌人也。父寶，字子玉，以儒學稱。年十四，就博士郭瑀。瑀弟子五百餘人，通經業者八十餘人。瑀有女始笄，妙選良偶，有心於昞，遂別設一席，謂弟子曰：「吾有一女，欲覓一快女婿，誰坐此席者，吾當婚焉。」昞遂奮衣坐，神志湛然曰：「昞其人也。」瑀遂以女妻之。昞後隱居酒泉，不應州郡命，弟子受業者，五百餘人。李暠據涼州，徵爲儒林祭酒、從事中郎。暠好尚文典，書史穿落者，親自補葺。昞時侍側，請代其事。暠曰：「躬自執者，欲人重此典籍。吾與卿相遇，何異孔明之會玄德？」遷撫夷護軍，雖有政務，手不釋卷。暠曰：「卿注記篇籍，以燭繼晝，白日且然，夜可休息！」昞曰：「朝聞道，夕死可矣。不知老之將至，孔聖稱焉。昞何人斯，敢不如此。」昞以三史文繁，著略記百三十篇，八十四卷。涼書十卷、燉煌實錄二十卷、方言三卷、靖恭堂銘一卷；注周易、韓子、人物志、黃石公三略行於世。

沮渠蒙遜平酒泉，拜秘書郎，專管注記。築陸沈觀於西苑，躬往禮焉。號玄處先生。學徒數百，月致羊酒。牧犍尊爲國師，親自致拜，命官屬以下，皆北面受業。時同郡索敞、陰興爲助教，並以文學見擧，每巾衣而入。魏太武平涼州，士庶東遷，夙聞其名，拜樂平王從事中郎。太武詔諸年七十已上，聽留本鄉，一子扶養。昞時老矣，在姑臧歲餘，思鄉而返，至涼州西四百里韮谷窟，遇疾而卒。

昞六子，長子僧衍早亡，次仲禮留鄉里。次字仲次，貳歸少、歸仁，並遷代京。後分屬諸州爲城民。歸仁有二子，長買奴，次顯宗。太和十四年，尚書李沖奏：「昞河右碩儒，今子孫沈屈，未有祿潤，賢者子孫，宜蒙顯異。於是除其一子爲郢州雲陽令。正光三年，太保崔光奏曰：「臣聞太上立德，其次立功、立言，死而不朽，前哲所尚，思人愛樹，自古稱美，故樂平王從事中郎燉煌劉昞，著業涼城，遺文茲在，篇籍之美，頗足可觀。如或愆釁，當蒙數世之宥，況乃維祖逮孫，相去未遠，而今久淪皁隸，不獲收異，儒學之士，所爲竊歎。臣忝職史敎，冒以聞奏，乞敕尚書，推檢所屬，甄免碎役，用廣聖朝，旌善繼絕，敦化厲俗。」於是乎在四年六月，詔曰：「昞德冠前世，蔚爲儒宗。太保啓陳，深合勸善，其孫等三家，特可聽免。」河西人以爲榮。

二、人物志品鑑才性之歷史淵源

漢武之世，獨尊儒術，罷黜百家之言，儒教遂定於一尊。逮乎光武，獎勵氣節，品題人物，衍成風尚，桓靈之際，宦官干政，外戚弄權，因事日非，於是清議之士，於時與焉，專事評騭人物，一言之褒，有榮於華袞者。

漢代選士，首爲察擧，察擧則重鑒識，故王充論衡自「逢遇」至「偶會」乃論性命之原，遭遇之理，「骨相」則論人之骨相。各篇所論，均與人物鑒識有關。骨相篇云：「相或在內，或在外，或在形體，或在聲氣。察外者遺其內，在形體者亡其氣。及至郭林宗、許子將之批評人物，已留意於神味。故有「天下言拔士者，咸稱許、郭」之語，其觀察人才，重在性情，其人格欣賞，別具美趣，實開魏晉才性名理之先河。

品鑒之風，歷時既久，流弊遂生。東漢士人名實未必相符，及至漢末名器尤濫。抱朴子名實篇曰：「漢末之世，靈獻之時，品藻乖濫，英逸窮滯，饕餮得志，名不準實，賈不本物，以其通者爲賢，塞者爲愚。」天下人士痛名實之不講，故劉邵亦受此風激盪，即以檢形定名，量材授官爲宗。

總上所言，人物志之品鑒才性，當有其歷史、學術及時代精神發展上之背景，故其所採觀人之法，所分人物名目，所論人物之才性，則亦朗朗乎有所本矣。

四、人物志知人之方與官人之術

㈠，知人之方

尚書皐陶謨曰：「在知人，在安民」；「知人則哲，能官人」。先秦學者觀人首重「德行」，故皐陶謨有九德之分，洪範有三德之別；漢代鑒人注重形體，故論衡有骨相之論。故觀人之術，有形有神，可相徵驗。如：

1.論語爲政：「子曰，視其所以，觀其所由，察其所安，人焉廋哉！人焉廋哉！」

2.孟子離婁：「孟子曰，存乎人者，莫良於眸子，眸子不能掩其惡。胸中正，則眸子瞭焉；胸中不正，則眸子眊焉。聽其言也，觀其眸子，人焉廋哉！」

3.莊子列禦寇：「故君子遠使之而觀其忠；近使之而觀其敬；煩使之而觀其能；卒然問焉而觀其知；急與之期而觀其信；委之以財而觀其仁；告之以危而觀其節；醉之以酒而觀其側；雜之以處而觀其色。九徵至，不肖人得矣。」

4.逸周書官人：「論用有徵：觀誠、考言、視聲、觀色、觀隱、揆德。」

5.禮大戴記文王官人：「用有六微：一曰觀誠，二曰考志，三曰視中，四曰觀色，五曰觀隱，六曰揆德。」

6.呂氏春秋論人：「八觀、六驗，此賢主之所以論人也。論人者，又必以六戚四隱。」

7.六韜選將：「知之有八徵，一曰問之以言以觀其辭；二曰窮之以辭以觀其變；三曰與之間諜以觀其誠；四曰明白顯問以觀其德；五曰使之以財以觀其廉；六曰試之以色以觀其貞；七曰告之以難以觀其勇；八曰醉之以酒以觀其態。八徵皆備，則賢不肖別矣。」

按諸說只粗略涉及觀人之道而已，眞能集大成而作系統之論列者，則首推劉邵之人物志。然諸家所重者「品德」也，人物志之所重者「材質」也，亦即「檢形定名，量材授官」爲宗。

九徵云：「物生有形，形有神精。能知精神，則窮理盡性，性之所盡，九質之徵也。」人情萬化，不可勝極，尋流竟源，五質恒性，五質內充，五精外章，徵神見貌，則人物情性，形驗有九。可表如左：

九質	九徵			純粹之德
神	質之主	平陂之質	神平則質平，神陂則質陂	平澹
精	實之本	明暗之實	精惠則實明，精濁則實暗	叡朗
筋	勢之用	勇怯之勢	筋勁則勢勇，筋弱則勢怯	筋勁
骨	植之基	彊弱之植	骨剛則植彊，骨柔則植弱	植固
氣	決之也	躁靜之決	氣盛決於躁，氣冲決於靜	聲清
色	情之候	慘懌之情	色悴由情慘，色悅由情懌	色懌
儀	形之表	衰正之形	儀衰由形殆，儀正由形肅	儀正

容	動之符	態度之動	衺動則容態，正動則容度	容直
色	心之狀	緩急之狀	心恕則言緩，心褊則言急	安緩

蓋以誠於中者，形於外，發於言者，徵於行，現於外表者，應於內心，是故察言觀色，人焉廋哉！九徵有違，則五質有雜，五質有雜，則五常有變，則情性失調，偏激陷溺，終成風人末流。

㈡，官人之術

世無全才，亦無廢才，人有所長，亦有所短，苟舍偏求全，則朝無可用之人，以短掩長，則野有鬱抑之士，是在能因材器使，俾人盡其才，才當其用。劉劭分專材爲八，通材爲十二。材理篇云：「聰能聽序，謂之名物之材；思能造端，謂之搆架之材；明能見機，謂之達識之材；辭能辯意，謂之贍給之材；捷能攝失，謂之權捷之材；守能待攻，謂之持論之材；攻能奪守，謂之推徹之材，奪能易予，謂之貿說之材」是專材也。材能篇云：「能出於材，材不同量，材能既殊，任政亦異」，體別、流業、材能、利害等篇，謂人之見用於政教，所堪任之職責，乃各有所宜，而互異其流，故今別才性而詳其所宜。凡人稟氣生，性分各殊，自非聖人，材能有偏，就其稟分，各有名目。陳羣立九品，評人高下，各爲輩目；傅玄品才有九；

而人物志言人流業，十有二焉。茲就論官人之術，列表如左：

	流業	特徵	能別	宜任之職	所行之政	代表人物
1	清節家	德行高妙，容止可法。—以德行勝者	有自任之能	師氏之任	矯直	延陵 晏嬰
2	法家	建法立制，彊國富人。—建立政治制度者	有立法之人	司寇之任	公正	管仲 商鞅
3	術家	思通道化，策謀奇妙。—能在政治上應變者	有計策之能	三孤之任	變化	范蠡 張良
4	國體	德足以厲風俗，法足以正天下，術足以謀廟勝。	兼有三材 三材皆備	三公之任	言行一致	伊尹 呂望
5	器能	德足以率一國，法足以正鄉邑，術足以權事宜。	兼有三材 三才皆微	冢宰之任	辨護	子產 西門豹
6	臧否	不能弘恕，好尚譏訶，分別是非，爲清節家之流。	有司察之能	師氏之佐	刻削	子夏之徒

7	伎倆	不能創思遠圖，而能受一官之任，錯意施巧，爲法家之流。	有權奇之能	司空之任	藝事	張敞 趙廣漢
8	智意	不能創制垂則，而能遭變用權，權智有餘，公正不足，爲術家之流。	有人事之能	冢宰之佐	諧合	陳平 韓安國
9	文章	屬文著述	有屬文著述之能	國史之任	屬辭	司馬遷 班固
10	儒學	能傳聖人之業而不能幹施政。	有德教師人之能	安民之任	德化	毛公 貫公
11	口辨	辯不入道而應對資給。	有消息辯護之能	行人之任	辨析	樂毅 曹丘生
12	雄傑	膽力絕衆，材畧過人。	有威猛之能	將帥之任	嚴厲	白起 韓信

前三者各代表德、法、術；國體、器能，兼有三才；臧否、伎倆、智意，亦以三才爲本，但

並不純備；文章、儒學、口辨、雄傑，則純依人所偏能之文武之事，更分爲四種。流業篇又云：「凡此十二材，皆人臣之任也。主德不預焉。主德者聰明平淡，總達衆材，而不以事自任者也；是故主道立，則十二材各得其任也。」若衆材各展所長，百官各當其宜，則如本篇末云：「主道得而臣道序，官不易方而太平用成」矣。

九徵又云：「是故兼德而至，謂之中庸；中庸也者，聖人之目也。具體而微，謂之德行；德行也者，大雅之稱也。一至，謂之偏材；偏材，小雅之質也。一徵謂之依似；依似，亂德之類也。一至一違，謂之間雜；間雜，無恒之人也。無恒依似，皆風人末流；末流之質，不可勝論，是以畧而不槩也。」蓋人流之業，十有二焉，「清節家、法家、術家、國體、器能、臧否、伎倆、智意」八者，皆以三材爲本，再由三材之全備與否及其備至，更分五類之人物。此言才性人格之五等，可表如左：

人物		
三度	中庸—兼德而至，聖人之目	
	德行—兼材一德，大雅之稱	
	偏材—一至之材，小雅之質	
末流	依似—一徵形似，亂德之類	
	間雜—一至一違，無恒之人	

五、主「元一」合「陰陽」運「五行」之說

九徵云：「凡有血氣者，莫不含元一以爲質，稟陰陽以立性，體五行而著形。」劉邵論述人物，繼漢代論人之說法，作深微研究，故謂人物之本，可求之於情性，情性之理，可求之於形質之中。形質莫不含元一，稟陰陽以立性，體五行而著行。此語爲全文之精蘊，通體之線索。「元一」之論，乃承襲漢人學術風氣。漢儒論人，將儒家、道家及陰陽家之思想，混合爲一，以天道解釋人事，認萬物繫於「一元」，強調「天人合一」之理。董仲舒之「春秋繁露」、揚雄之「太玄經」、王充之「論衡」，均從此一論點出發。劉邵辨析人物，論述材質，亦受其影響，故談人物亦尙「元一」。董仲舒以「元一」爲宇宙之本體，云：「元者，太始也」「元者爲萬物之本。」周師謂「元一」即太極也，「質」即元氣也。氣既由理而出，理即寓於氣之中。孔穎達謂「太極即元氣」。所謂「含元一以爲質」，即理氣合一之論也。理氣合一，孕育滋長，由簡而繁，由陰陽而爲五行。論衡無形篇云：「人稟氣於天，氣成而形立」；率性篇云：「人之善惡，共一元氣，氣有少多，故性有賢愚」。故苟有形質，即可追尋其理，劉邵即循此理以察人之才性。

「陰陽」者，迺天地之常，剛柔之性。人之情性與天地之陰陽相副。董仲舒春秋繁露深

察名號篇云：「身之有性情也，若天之有陰陽也。言人之質而無其情，猶言天之陽而無其陰也。」又曰「人之誠，有貪有仁。仁貪之氣，兩在於身，身之名取諸天。天兩，有陰陽之施；身亦兩，有貪仁之性。」此言人之質中，性與情乃相對立者。性之表現爲仁；情之表現爲貪，故以性禁情，以仁止貪，乃「人之繼天」，亦即人之所以法天也。「稟陰陽以立性」，劉昞注云：「性資於陰陽，故剛柔之意別矣。」故才性之理，必有資於陰陽，以見其爲剛或柔，爲文或質爲拘或抗。

白虎通德論五行篇云：「五行者，何謂也？謂金木水火土也。言行者，欲言爲天行氣之義也。地之承天，猶妻之事夫，臣之事君也。」五行之說，即以人事之變化，配合天道之運行。金之運行，乃由上徐徐而下；木之運行，乃由下徐徐而上；水之運行，則由上急急而下；火之運行，復由下急之而上；土則居中而爲平行，由是而有一切發展中之變化。此劉氏之所以主「元一」合「陰陽」運「五行」之一貫道理也。「體五行而著形」，以言資質之層層表現而具體化，以形成各種情格。九徵曰：「若量其才質，稽諸五物，五物之徵，亦各著於厥體矣。其在體也，木骨、金筋、火氣、土肌、水血，五物之象也。五物之實，各有所濟，是故骨植而柔者，謂之弘毅，弘毅也者，仁之質也。氣清而朗者，謂之文理，文理也者，禮之本也。體端而實者，謂之貞固，貞固也者，信之基也。筋勁而精者，謂之勇敢，勇敢也者，義之決也。色平而暢者，謂之通微，通微也者，智之原也。五質恒性，故謂之五常矣。」由之而品鑒一個完整人格的生命姿態，而識其才性。又曰：「五常之別，列為五德。是故，溫直而擾毅，木之德也；剛塞而弘毅，金之德也；愿恭而理敬，水之德也；寬栗而柔立，土之德也；簡暢而明砭，火之德也。雖體變無窮，猶依乎五質，故其剛柔明暢，貞固之徵，著乎形容，見乎聲色，發乎情味，各如其象。」又曰：「故心質亮直，其儀勁固；心質休決，其儀進猛；心質平理，其儀安閑。夫儀動成容，各有態度。直容之動，矯矯行行；休容之動，業業蹌蹌；德容之動，顒顒卬卬。」所謂「著於形容」者也。又曰：「夫容之動作，發乎心氣，心氣之徵，則聲變是也。夫氣合成聲，聲應律呂。有和平之聲，有清暢之聲，有回衍之聲。夫聲暢於氣，則實存貌色。故誠仁，心有溫柔之色；誠勇必有矜奮之色；誠智必有明達之色。」所謂「見乎聲色」者也。可表如左：

五行	五體	五質	（性格）	五常	五德
金	筋	筋勁而精	勇敢	義	剛塞而弘毅
木	骨	骨植而柔	弘毅	仁	溫直而擾毅
水	血	色平而暢	通微	智	愿恭而理敬
火	氣	氣清而朗	文理	禮	簡暢而明砭

土	肌	體端而實	貞固	信	寬栗而柔立

劉卲論人物，由五質、五德之內著而形爲儀態、容止與音聲、貌色。直容之動、清暢之聲，溫恭之色，皆表之於外之形色，人物之神貌。

劉卲論人性，謂由人之表現於形體之外之九徵，即可知人於五常之性之所偏至或得其中和，而對人性之基本認識，則全以漢儒之宇宙論中，「元一、陰陽、五行」之論爲根據者。

六、性有偏差而中和爲貴

九徵云：「凡人之質量，中和最貴矣。中和之質，必平淡無味，故能調成五材，變化應節，是故觀人察質，必先察其平淡，而後求其聰明。聰明者，陰陽之精。陰陽清和，則中叡外明，聖人淳耀，能兼二美。」是品鑒人物，必先觀其德，而後論其才也。

夫天地所有，萬品紛紜，人稟氣生，性各有殊。有失其中，不免狂狷，致流於抗拘。劉卲論人之「體別」，有「抗」、「拘」二型，然「抗者過之，而拘者不逮」，此皆人性之偏至，皆有違中庸之德。其以外循「九徵」，以觀人之情性，故於論「九徵」之後，即次之以「體別」，論各類人之才性之得失。茲論列人之體性之十二種得失：

抗者：通病有六	長處有六

1.	厲直剛毅，失在激訐	材在矯正，可挽頹風
2.	雄悍傑健，失在多忌	任在膽烈，可克艱危
3.	彊楷堅勁，失在專固	用在楨幹，可當一面
4.	普博周給，失在溷濁	弘在覆裕，可容異己
5.	休動磊落，失在疏越	業在攀躋，可資通達
6.	樸露徑盡，失在不微	質在中誠，可共患難
	拘者：通病有六	長處有六
1.	柔順安恕，失在少決	美在寬容，可免決裂
2.	精良畏慎，失在多疑	善在恭謹，可免虛浮
3.	論辨理繹，失在流宕	能在釋結，可免衝突
4.	清介廉潔，失在拘局	節在儉固，可免奢侈
5.	沉清機密，失在遲緩	精在玄微，可免粗疏
6.	多智韜情，失在依違	權在譎略，可免受愚

凡上所述，皆爲偏至之格，其體別各有所長，然人格之發展，在臻於完美，使偏材者，進而爲兼德，再由兼德者，進而中庸。而人格之培養，有賴於「學」與「恕」，始克完美。本篇

末云：「夫學所以成材也；恕所以推情也。偏材之性，不可移轉矣。雖教之以學，材成而隨之以失，雖訓之以恕，推情各從其心，信者逆信，詐者逆詐，故學不入道，恕不周物，此偏材之益失也。」

體別篇之要旨在論述人物之體別，分析體格之偏差，而「中庸之德」，其質無名，不偏不倚，謂之「中和」。「中和」者，汎然不繫於一物，澹然不具彩色，故能隨化應節，調和中道，流露其雍容風度。此種人物，牟先生云：有如：

1.五味中之「鹽」，但又「鹹而不鹻」
2.五行中的「水」，但又「淡而不䤆」
3.有其貞純之本質，但又「質而不縵」
4.有其絢美之文采，但又「文而不繢」

因

1.潛藏無窮之力量，是以能威
2.能開拓無邊之幅度，是以能懷
3.具有無限之慧識，是以能辨
4.存有無量之默契，是以能訥

其能「變化無方，以達爲節者」，全歸於「中庸之德也」。

　中庸之說，原出孔子。論語雍也篇云：「子曰，中庸之爲德也，其至矣乎！民鮮能久矣。」又中庸曰：「故大德，必得其位，必得其祿，必得其名，必得其壽。故天之生物，必因其材而篤焉。」故流業篇云：「主德者，聰明平淡，總達衆材，而不以事自任者也。」主德者，中庸應變，知人善任，此不獨在政治上有綜合應變之功，在本質上，亦具中和至當之理。

　九徵又云：「夫色見於貌，所謂徵神……五暉之光也。」中庸之目，是彩五暉之光。五質、五德之表現不能中和，則流於偏至，偏至之材，以勝體爲質者也，故勝質不精，則其事不遂，乃偏中之偏也。可表如左：

金	勁而不精	力	負鼎絕臏，失其正勁
木	直而不柔	木	木彊激訐，失其正直
水	暢而不平	蕩	好智無涯，蕩然失絕
火	氣而不清	越	辭不清順，發越無成
土	固而不端	愚	專己自是，陷於愚戇

七、各篇要旨

第一、九徵篇（觀人之基本原理）

九徵云：「人之質量，中和最貴」。中和者，中庸之德也。又云：「中和之質，必平淡無味，故能調成五材，變化應節。是故觀人察質，必先察其平淡，而後求其聰明」。是品覽人物，必先觀其德，而後論其才也。劉卲謂人體含藏五行，影響其人性向，故以五行，金、木、水、火、土象徵為五常，仁、義、禮、智、信，五德之徵。將人之形貌分為九質。九質各顯才性之象徵，為九徵。「九徵皆至，則純粹之德也」，是謂兼德。「兼德而至，謂之中庸；中庸也者，聖人之目也」。具體而微者，謂之德行。「德行也者，大雅之稱也」。一至者，謂之偏材。「偏材，小雅之質也。」一徵者，似是而非，此亂德之類也。一至一違，此無恒之人也。

第二、體別篇（體性之十二偏差）

分析人之性體為十二，以論各類人之才性之得失。惟有具中庸之德者，能守正不偏，此外抗者過之，而拘者不逮，各有長短，皆為偏材。如：「厲直剛毅，材在矯正，失在激訐；柔順安恕，美在寬容，失在少決」；「是故彊毅之人，狠剛不和，不戒其彊之搪突，而以順為撓，厲其抗；是故可與立法，難與入微。柔順之人，緩心寬斷，不戒其事之不攝，而以抗為劌，安其舒；是故可與循常，難與權疑」。凡此所言，不外知人之長短得失，以論我當如何與之相接，以用其長而舍其短之道。

第三、流業篇（人材之淵源流業）

由人之材性各異，以論人之流業，以言人之見用於政敎之業，迺各有所宜而互異其流，故流業十有二焉。「清節家、法家、術家、國體、器能、臧否、伎倆、智意」八者，皆以三才爲本；「文章、儒學、口辨、雄傑」四者，則純依人所偏能之文武之事，更分爲四種。此十二材，皆人臣之任，主德不預焉。主德須聰明平淡，總達衆材，若有所偏，則一材處權，衆材失任矣。

第四、材理篇（理有四部，明有四家，情有九偏，流有七似，說有三失，難有六構，通有八能）

人之材性有異，其所見之理，亦有別。天下之理有四部：「天地氣化，盈虛損益，道之理也；法制正事，事之理也，禮敎宜適，義之理也；人情樞機，情之理也。」又「四理不同，其於材也，須明而章。明待質而行，是故質於理合，合而有明，明足見理，理足成家。」人之材性有九偏之情，而以性犯明，故於理，亦各從其心之所可以爲理，而各有得失。人之於理，亦有似知之而實非知者，乃論七似。緣人於所見之理有別，而人之相辯以求相喻，亦將以九偏之材，有同、反、雜，而同則相解，反則相非，雜則相恢，故人之爲說，則有三失。以言相難，則有六構。而通於天下之理，則有八能。

第五、材能篇（八能之大小異宜）

人之性有寬有急，故材之所宜，有大有小。「寬弘之人，宜爲郡國，使下得施其功而總成其事；急小之人，宜理百里，使事辦於己。」材能既各有所宜，所堪任之國家之責任亦異，故有自任之能，有立法使人從之之能，有消息辨護之能，有德教師人之能，有行事使人譴讓之能，有司察糾摘之能，有權奇之能，有威猛之能」，或長於此，而短於彼，量材而用，所任乃濟。

第六、利害篇（六業之利弊得失）

謂人業之流，在國家中，其窮達用舍之際之順逆利害，惟清節之業，無弊而常顯，故爲世之所貴。他如：法家之業，其功足以立法成治，其弊也，爲群枉之所讐。術家之業，其功足以運籌通變，其爲業也，奇而希用，故或沉微不章。智意之業，其功足以讚明計慮，其爲業也，謂而難持，故或先利而後害。臧否之業，其功足以變察是非，其爲業也，峭而不裕，故有先得而後離衆。伎倆之業，其功足以理煩糾邪，其敝也，民勞而下困。使人預知其弊。

第七、接識篇（接識之兼偏通塞）

謂觀人者，往往以己觀人，與己之美點相同者，能識之；非己所有之美，則不能識。故清節之人，以正直爲度，能識性行之常，而或疑法術之詭。………術謀之人，以思謨爲度，能成策略之奇，而不識遵法之良。………此皆只能識一類之善，是皆爲偏材。能盡有諸流者，乃爲兼材，能兼達衆材，方能負國家宰輔之任。

第八、英雄篇（英雄之材質比較）

謂草之精秀者爲英，獸之特羣者爲雄，故人之文武茂異，取名於此。是故聰明秀出，謂之英；膽力過人，謂之雄。英之智能知，而以明見機，故爲智者所歸往，而能用智者；雄之膽能行，而以力服衆，故爲雄材所推服。二者合一，乃爲英雄。英雄者，人之膽識之足以得他人者也，然英能得英，不能得雄；雄能得雄，不能得英。英可爲相，雄可爲將。一人之身，兼有英雄，乃能役英與雄，而成大業。劉邦、項羽，二者得兼，可稱英雄，然劉邦之英多於雄，故能宅有天下；項羽英少，雖氣力蓋世，不能聽采奇異，至於有范增而不用，致使陳平等亡歸劉邦，故「英」與「雄」必得兼也。

第九、八觀篇（觀人之八種方式）

謂羣材異品，志各異歸。觀其所短，以知所長；觀其聰明，以知所達。吾人之觀人之材性，當自不同之方面，依種種之方式，種種之觀點，以求得人之情性之美，而無疑於似是而非，似非而是者，如：「觀其奪救，以明間雜，觀其感變，以審常度……」等是也。

第十、七繆篇（鑑別之七種繆誤）

謂世人之觀人，恒未得其道，而有七種繆誤之觀人方式。人物之理，妙而難明，以情鑒察，每有繆失。奇異之材，非衆所見，衆人毀譽，未可爲正，故察譽有偏頗之繆。惡人如有一是與我之所長相同，則情通意親，忽忘其惡。善人雖善，猶有所乏，其短處如與己之所長相背，則志乖氣違，忽忘其善，故接物有愛惡之惑。語七繆以明觀人之法。

第十一、效難篇（察薦之兩大困難）

謂知人之效，有二難：有難知之難，有知之而無由得效之難。此亦即言人之見知而見於國家之政教中之難。徒以視人之形容、動作、言語、行事，各自立度，以作觀察，則每得少而失多。形貌居止，往往似是而非，或色厲而內荏，或身在江湖而心在魏闕，必也富視其所與，貧視其所取，實際考察，然後明確，此爲難知之難。所識之材，或曲高和寡，唱不見讚，或器非時好，不見信貴，材雖良，而難遇知己，人主不能廣其視聽，不能明揚側陋，俊彥埋沒者多矣，此爲知之而無由得效之難也。

第十二、釋爭篇（爭讓之損益禍福）

謂善以不伐爲大，賢以自矜爲損。君子之求勝也，以推讓爲利銳，以自修爲棚櫓。老子曰：「夫惟不爭，故天下莫能與之爭。」「君子誠能覩爭途之名險，獨乘高於玄路，則光暉煥而日新，德聲倫於古人矣」。

八、人物志乃雜家之學

牟先生云：中國學術大體分爲三個階段：一，晚周諸子。二，魏晉南北朝，下賅隋唐。三，宋明理學。而第二階段以玄學與佛學爲主。魏晉之玄學，亦稱之爲「清談名理」，若以

「學」言之，玄學稱爲「玄學名理」，而「人物志」則稱之爲「才性名理」。「玄學名理」，以王弼、何晏爲主，向秀、郭象繼之；「才性名理」，以「人物志」爲開端，下賅鍾會之「四本論」，故隋書經籍志列爲「名家」類，故亦稱爲「形名學」。

「名家」之稱，起自西漢。史記太史公自序載司馬談論六家之要指曰：「名家，苛察繳繞，使人不得反其意，專決於名，而失人情。故曰，使人儉而善失眞。若夫控名責實，參伍不失，不可不察也。」漢書藝文志列「名家」爲九流之一。其諸子略序云：「名家者流，蓋出於禮官。古者名位不同，禮亦異數。孔子曰：『必也正名乎！名不正則言不順，言不順則事不成。』此其所長也。及警者爲之，則苛鉤鈲析亂而已。」

「才性名理」，因現實察舉上之名實問題而發，起因於實用，目的亦在實用，而其爲「名理」之本質，卻在「品鑒」，此迺上承東漢末之品題人物而來。四庫提要云：「其書主于論辨人才，以外見之符，驗內藏之器，分別流品，研析疑似。」觀情索性，尋流照原，爲我國品鑒人物最有系統之著述。人物志十二篇，各篇題旨不一，體制亦異。彭先生云：「全書條貫統序，鋒穎精密，首尾圓合，義諦自顯，致能獨步於當日，流傳於後世，信非偶然也。」洵爲定評。劉昞序云：「其述性品之上下，材質之兼偏，研幽摘微，一貫於道。」此書雖揉合儒道之言，然其論旨在品題人物、檢覈名實，故隋書經籍志列入名家。然此與先秦惠施、公孫龍之「名家」，實有不同。隋書經籍志云：「名者所以正百物，敍尊卑，列貴賤，各控名而責實，無相僭濫者也。」其說仍襲漢志。人物志甄別人物，既以深察名實爲依歸，故隋書經籍志列于名家，自不足異。然四庫總目謂其究悉物情，而兼諸家之說，始改入「雜家」。今考其書之主旨，在品題人物，檢覈名實，然實揉合儒家義理，兼及老莊精神。茲略擧一、二以見其跡：

(一)據劉邵自序所云，則人物志之作，本自儒家。

人物志篇名	內容	儒家
九徵	兼德之人，謂之中庸。兼材之人，以德爲目；偏至之材，以材自名。	出於孔子之辨三等（生知、學知、困知）也。
	依似：亂德之類，間雜：無恒之人。	即孔子所斥疾悾悾而無信之人。
體別	抗者過之，拘者不逮。	出於孔子之狂狷。
流業	人流之業十二。	孔門四科。
體別 材理	偏材之失。	即孔門之訓六蔽。

八觀	觀人知人之術。	論語爲政（觀其所由，察其所安。）
效難		

㈡人物志爲鑒人序材之書，而劉邵竟歸結於「釋爭」篇。所謂「卑弱自持」「不爭不伐」，乃道家立身、行事之要道，劉邵以此殿後，其於老子之說，深爲契賞，可以知也。

㈢劉邵重考課，修刑律，其學雖合儒名，然法家之精神亦甚顯著。

㈣劉邵以爲平治天下，必須聖人，聖人明智之極，故知人善任。知人善任，則垂拱而治。其於序文云：「聖人興德，孰不勞聰明於求人，獲安逸於任使者哉。」此人君無爲而治之一解也。

人物志乃由漢至晉之過渡，劉氏寫作此書時正值東漢儒學式微，曹魏父子標榜名法思想之期，且在正始玄風興起之前，故其思想易於雜納百家，一則對兩漢儒學之權威地位未敢排斥，二則有感於名法思想之實用價值，三則對道家平淡無爲之思想起傾慕之心，故人物志雖以「檢形定名」爲宗，被列入「名家」之林，實則採集儒、名、法、道、陰陽各家思想於一爐也。

九、人物志對後世之影響

人物志論人之道，蓋由漢末對人物才性品鑒而來，若以「學」言之，人物志可稱爲「才性名理」。「才性名理」以人物志爲起始，下賅鍾會之四本論說。他如王粲所撰之「英雄記」等似乎亦受劉卲之影響。

四本論之理論，今無所考。世說新語文學篇云：「鍾會撰四本論」劉孝標注引魏志曰：「四本者，言才性同，才性異，才性合，才性離也。尚書傅嘏論同，中書令李豐論異，侍郎鍾會論合，屯騎校尉王廣論離，文多（故）不載。」茲就可考者略述於左：

(1)尚書傅嘏主張「才性同」。按傳統之說，「性」蓋指人之本質，而本質表現於外者，則爲「才」。「才」既只是「性」之外現，則「才」與「性」，應同屬一本。

(2)中書令李豐主張「才性異」。謂「才」與「性」，二者有異。蓋以「性」指「操守性行」，以「才能」、「才智」指「才」。

(3)侍郎鍾會主張「才性合」。亦以「性」指「操行」，「才」皆「能力」，謂「操行」與「能力」，可相輔相成（才所以爲善）（性所以成才），或可一人兼而有之，既有德又有才，二者未必離異。

(4)屯騎校尉王廣主張「才性離」。亦以「性」指「操行」，「才」指「才能」。謂「才性」二者，並非絕對之互爲二物，而乃微有關係，其關係爲「離」，換言之，同出而不相涉。

考南史隱逸顧歡傳上云：「會稽孔珪嘗登嶺尋歡，共談四本。歡曰：『蘭石（傅嘏字）危而密；宣國（李豐字）安而疎；士季（鍾會字）似而非；公深（王廣）謬而是。』」

十、結　論

人物志者，爲漢代品鑒風氣之結果，其宗旨要以名實爲歸，上承漢代之月旦人物，下開魏晉之才性名理，論其思想，雖言依遵孔訓，志序人物，實則採儒、名、法、道、陰陽各家思想於一爐，爲正始前學風之代表作品。四庫全書提要云：「所言究悉物情，而精覈近理，其學雖近乎名家，其理則弗乖於儒者也。」觀其分析性情，品鑒人才，理精義密，深入極微。七繆篇曰：「人物之理妙不可得而窮已」。所謂「甚微而玄」信不誣也。

貳、校　證

一、凡例

本書校勘，以程刻漢魏叢書本爲底本，參校諸本如左：

㈠三卷本：

明嘉靖己丑（八年）上海顧定芳刊本　（原藏北平圖書館）

明隆慶六年眞定梁夢龍刊本　（有劉元霖再刻人物志附題）

明萬曆丁丑（五年）海岱李氏思益軒刊本　（原景陽宮藏本）

明刻本

明刊本

明藍格鈔本　（原藏北平圖書館）

明末葉刊評點本

文淵閣四庫全書本

以上均屬善本

四部備要本（中華書局據金臺本校刊本）

四部叢刊本（涵芬樓景印明正德刊本）

(二)節本：

宋本（載於全上古三代秦漢三國六朝文）

明萬曆十年勾吳胡氏刊兩京遺編本　善本

一、本書原無標點句讀，模句讀，則如標點所示。

一、文中每一語、注，凡有出處者，均詳考其出處，或引其原文，或摘述其故事之片段，藉以明焉。有所不知者，概付闕如。若有所得，均以案語出之。

一、案諸本與今本異而有其參考價值者，自皆條錄，其任意竄改者，則略而不取。若有可疑之處，不逕改原文，只註明文字異同。

一、案四庫全書本與今本九徵第一，自「故偏至之材，以材自名」注：「猶百工衆伎，各有其名也」下，逕接「兼德之人，更爲美號」句，脫「兼材之人以德爲目」注：「仁義禮智得其一目」計十六字，使古人成書，幾爲臆說所廢，今復校定，據他本補入，覽者究心，當自得其完闕之異耳。

一、本書人物志序、卷上中下，各成終始，不與後篇牽聯爲一，以便嗜古者匡正焉。

二、人物志序

夫聖賢之所美，莫美乎聰明。

案：顧定芳刊本、明刊本「賢」竝作「贒」。考說文不錄「贒」字。集韻平聲先韻云：「賢，古作贒。」考書舜典序：「虞舜側微，堯聞之聰明，將使嗣位，歷試諸難。」

聰明之所貴，莫貴乎知人。

案：初學記卷十七引「乎」作「於」。「乎」猶「於」也。呂氏春秋貴信篇：「天地之大，四時之化，而猶不能以不信成物，又況乎人事。」高注：「乎，於也」可證。考孟子盡心篇：「同乎流俗，合乎汙世」論衡引「乎」竝作「於」，即其比。又史記司馬相如傳：「德隆乎三皇，功羨於五帝」，「乎」亦「於」也，互文耳。考大戴禮記衞將軍文子篇：「子貢對曰：『賢人無妄，知賢則難。故君子曰，智莫難於知人。此以難也。』」廸此文所本。書皋陶謨：「知人則哲，能官人。」孔傳：「哲，智也。

無所不知，故能官人。」

注：聰於書計者，六藝之一術。

案：文選夏侯湛東方朔畫贊：「射御書計之術」李善注云：「周禮曰，六藝，禮樂射御書數也。」

是以聖人著爻象，則立君子小人之辭。

案：全三國文卷三十二劉卲本序凡「以」俱作「㠯」。說文十四下：「㠯，用也。」段玉裁注：「今字皆作以，由隸變加人於右也。」禮記檀弓篇鄭注曰：「以與已字本同。」考易泰彖辭：「內陽而外陰，內健而外順。內君子而外小人。君子道長，小人道消也。」又否彖辭：「內陰而外陽，內柔而外剛。內小人而外君子。小人道長，君子道消也。」

敍詩志，則別風俗雅正之業。

案：詩大序：「詩者志之所之也。……是以一國之事，繫一人之本，謂之風。言天下之事，形四方之風，謂之雅。雅者正也，言王政之所由廢興也。」

注：九土殊風，五方異俗。

案：「九土」乃「九州」之謂。文選張平子思玄賦：「思九土之殊風兮」注：「九土，九州」，是其證。國語魯語上：「共工氏之伯九有也，其子曰后土，能平九土」，「

九土」即「九州」。日知錄卷二十三云：「九州之名，始見於禹貢。」考周禮夏官職方氏疏曰：「自神農已上，有大九州：桂州、神州、迎州之等。至黃帝以來，德不及遠，惟於神州之內分爲九州。」史記孟子荀卿列傳騶衍曰：「中國名曰赤縣神州。赤縣神州內自有九州。禹之序九州是也。不得爲州數。中國外如赤縣神州者九，乃所謂九州也。」又「五方」乃賅括各地方而言，謂東西南北中也。漢書地理志下云：「是故五方雜厝，風俗不純。」又云：「凡民函五常之性，而其剛柔緩急，音聲不同，繫水土之風氣，故謂之風；好惡取舍，動靜亡常，隨君上之情欲，故謂之俗。」此「九土」與「五方」，「殊風」與「異俗」，正相應然，蓋指各地風俗之異耳。

是以聖人立其敎不易其方，制其政不改其俗。

案：禮記王制：「凡居民材，必因天地寒煖燥濕，廣谷大川異制，民生其間者異俗，剛柔輕重遲速異齊，五味異和，器械異制，衣服異宜。脩其敎不易其俗，齊其政不易其宜。」鄭注：「敎謂禮義，政謂刑禁。」

制禮樂，則考六藝祇庸之德。

案：周禮地官保氏：「保氏掌諫王惡，而養國子以道，乃敎之六藝。一曰五禮，二曰六樂，三曰五射，四曰五馭，五曰六書，六曰九數。」又春官大司樂：「以樂德敎國子中和祗庸孝友。」鄭注：「祗，敬；庸，有常也。」

躬南面，則援俊逸輔相之材。

案：論語衞靈公：「子曰，無爲而治者，其舜也與？夫何爲哉，恭己正南面而已矣。」

集解：「言任官得其人，故無爲而治。」

皆所以達衆善而成天功也。

案：書舜典：「帝曰：『咨，汝二十有二人。欽哉！惟時亮天功。』」又皐陶謨：

「無曠庶官，天功人其代之。」孔傳：「言人代天理官，不可以天官，私非其才。」

注：繼天成物。

案：穀梁傳宣十五年：「爲天下主者天也，繼天者君也。」

注：求賢舉善，常若不及。

案：文選陸士衡辯亡論下：「其求賢如不及。」李善注：「論語曰：『子曰，見善如

不及。』」蓋劉昞此注所本。

注：忠臣竭力而効能，明君得賢而高枕。

案：禮記燕義：「臣下竭力盡能，以立功於國，君必報之以爵祿。故臣下皆務竭力盡

能以立功，是以國安而君寧。」又楚辭九辯：「堯舜皆有所舉任兮，故高枕而自適。」

王注：「安臥垂拱，萬國治也。」

注：上下忠愛，謗毀何從生哉！

案：明藍格鈔本「生」上有「而」字，上海顧定芳刊本、眞定梁夢龍刊本、海岱李氏思益軒刊本、明刻本、明刊本、明末葉刊評點本、文淵閣四庫全書本、四部備要據金臺本校刊本、四部叢刊涵芬樓景明正德刊本、勾吳胡氏刊兩京遺編本竝同今本。（各本箸之于此，下不復一一出也）「何從生哉！」義亦明矣，不庸多贅「而」字。

是以堯以克明俊德爲稱。

案：初學記十七引句首「是以」作「是故」。考書堯典曰：「克明俊德，以親九族。」孔傳：「能明俊德之士，任用之，以睦高祖玄孫之親。」路史餘論卷六云：「聖人之德，固無待而自明，堯帝俊德，所以克明者，德性之明，是以勝己之私而已。大學說曰，克明俊德，自明也；春秋傳曰，克明俊德，自修也。」

舜以登庸二八爲功。

案：左傳文十八年：「舜臣堯，舉八愷，使主后土，以揆百事。莫不時序，地平天成。舉八元，使布五教于四方。父義，母慈，兄友，弟恭，子孝，內平外成。」又書舜典曰：「二十有八載，帝乃殂落，百姓如喪考妣。」孔傳：「堯年十六，即位七十載，求禪試舜三載，自正月上日至崩二十八載堯死。」史記五帝本紀云，堯立七十年得舜，二十年而老，令舜攝行天子之政，薦之於天。堯辟位凡二十八年而崩。

湯以拔有莘之賢爲名。

案：史記殷本紀：「伊尹，名阿衡。阿衡欲奸湯而無由，乃爲有莘氏媵臣，負鼎俎，以滋味說湯，致于王道。或曰，伊尹處士，湯使人迎聘之，五反然後肯往從湯，言素王及九主之事。湯舉，任以國政。伊尹報，於是諸侯畢服湯，乃踐天子位，平定海內。」案伊尹負鼎俎，和五味以干湯一事，並見於金樓子興王篇、文選東方曼倩非有先生論、淮南子氾論篇、脩務篇、泰族篇。

文王以舉渭濱之叟爲貴。

案：「渭濱之叟」，乃周太公望呂尚也。史記齊太公世家云：「太公望呂尚者，東海上人。其先祖嘗爲四嶽，佐禹平水土，甚有功。虞、夏之際，封於呂，或封於申。姓姜氏。夏、商之時，申、呂或封枝庶。子孫或爲庶人。尚其後苗裔也。本姓姜氏，從其封姓。故曰呂尚。呂尚蓋嘗窮困，年老矣。以漁釣奸周西伯。西伯將出獵。卜之。曰：『所獲非龍非彲，非虎非羆。所獲霸王之輔。』於是周西伯獵。果遇太公於渭之陽。與語大說。曰：『自吾先君太公曰，當有聖人適周，周以興。子眞是邪。吾太公望子久矣。』故號之曰太公望，載與俱歸，立爲師。」是「渭濱之叟」即「呂尚」之證。

又初學記卷十七引句末「貴」爲「治」。

由此論之，聖人興德，孰不勞聰明於求人，獲安逸於任使者哉！

案：全三國文卷三十二，二「於」字竝作「于」。考諸唐寫本，皆經用「于」字，傳用「於」字，以此爲別，下文不復一一別出。初學記卷十七引本文作「由是論之，聖人之爲治，孰不勞聰明於求人，獲安逸於任使。」「此」作「是」，「興德」作「之爲治」，末無「者哉」二字。考荀子王霸：「故君人，勞於索之，而休於使之。」韓非子難二：「桓公曰：『吾聞君人者，勞於索人，佚於使人。』」班彪王命論：「蓋在高祖，其興也有五。……五曰，知人善任使。」劉劭此文之意蓋指平治天下，必須聖人，聖人明智之極，故知人善任。知人善任，則垂拱而治。此人君無爲而治之一解也。

注：采士飯牛，秦穆所以霸西戎。

案：管子小問：「百里傒，秦國飯牛者也。穆公舉而相之，遂霸諸侯。」蓋此注所本。淮南子氾論篇：「百里奚之飯牛」注：「百里奚，虞人也，自鬻爲秦養飯牛得五羖羊皮，號爲五羖大夫也。」莊子田子方：「百里奚爵祿不入於心，故飯牛而牛肥，使秦穆公忘其賤，與之政也。」是「飯牛」者，即「百里奚」之證也。考文選李斯上秦始皇書：「昔穆公求士，西取由余於戎，東得百里奚於宛，迎蹇叔於宋，來邳豹、公孫支於晉。」史記秦本紀：「秦用由余謀伐戎王，益國十二，開地千里，遂霸西戎。」案由余、百里奚、蹇叔、丕豹、公孫支等皆屬穆公霸西戎之功臣，此注但云百里奚耳。

注：一則仲父，齊桓所以成九合。

案：四庫全書本「則」作「相」，他本則仍同今本。「仲父」者「管仲」也。荀子仲尼篇：「桓公見管仲之能足以託國也，是天下之大知也；安忘其怒，出忘其讎，遂立以為仲父，是天下之大決也。」可證。考論語憲問：「子曰，桓公九合諸侯，不以兵車，管仲之力也。」論衡效力篇：「桓公九合諸侯，一匡天下，管仲之力。」感類篇：「管仲九合諸侯，一匡天下。」桓公九合諸侯一事習見古書稱引，越絕書、越絕外傳本事篇、史記蔡澤傳、淮南子主術篇、大戴禮記卷之三、管子戒篇、素書求人之志章竝見，不具引。

是故仲尼不試，無所援升。

案：論語衞靈公：「子曰，吾之於人也，誰毀誰譽。如有所譽者，其有所試矣。」集解：「包曰，所譽者，輒試以事，不虛譽而已。」夫子無毀譽，若有所稱譽者，亦不虛信而美之，其必以事試之也。此正直之道也。

猶序門人以爲四科。

案：論語先進：「子曰，從我於陳蔡者，皆不及門也。德行：顏淵、閔子騫、冉伯牛、仲弓。言語：宰我、子貢。政事：冉有、季路。文學：子游、子夏。」此四科者，各舉其才長也。德行謂百行之美也；言語謂賓主相對之辭也；政事謂治國之政也；文學謂善先王典文。德行爲人生之本，故爲第一，以冠初也。

泛論衆材以辨三等。

案：論語季氏：「孔子曰，生而知之者上也。學而知之者次也。困而學之，又其次也。困而不學，民斯爲下矣。」蓋本文所本。劉注云：「敍生知爲三等之上。」又八觀篇：「是故守業勤學，未必及材。」劉注：「生知者上，學能者次。」可證。

注：明德行者，道義之門。

案：易繫辭傳上：「成性存存，道義之門。」

注：中庸之德，其至矣乎，人鮮久矣。

案：論語雍也：「子曰，中庸之爲德也，其至矣乎，民鮮久矣。」蓋劉昞此注所本。「人」即「民」字，避太宗諱。「中」，中和也。「庸」，常也。「鮮」少也。言中和可常行之德，是先王之道，其理至善，而民少有行此者也已久，言可歎之深也。

注：唯聖人能之也。

案：禮記中庸：「君子依乎中庸，遯世不見知而不悔，唯聖者能之。」

尙德以勸庶幾之論。

案：論語憲問：「子曰，君子哉若人，尙德哉若人。」

注：顏氏之子，其殆庶幾乎！

案：易繫辭下：「子曰，顏氏之子，其殆庶幾乎。」疏：「言聖人知幾，顏子亞聖未能知幾，但殆近庶慕而已，故云其殆庶幾乎。」徐鼒讀書雜釋卷一云：「易繫辭曰，子曰，顏氏之子其殆庶幾乎。」虞翻易注引孔子曰：「回也，其庶幾也。」今論語作：「子曰，回也，其庶乎。」皇侃義疏云：「庶幾，幾也。」朱子集注云：「庶，近也，言近道也。」按爾雅釋言，庶幾，尙也，又云，庶，幸也。釋詁云，幾，近也，則集注當作庶，庶幾，幾近也。吳志張昭子承，能甄識人物，勤於長進，篤于物類，凡在庶幾之流，無不造門。又顧雍子邵，好樂人倫，自州郡庶幾及四方人士往來相見，或言議而去，或結厚而別，風聲流聞，遠近稱之。觀二傳用庶幾字，皆言其爲可造就之材，似不足盡顏氏之子。按虞易注云，幾，神妙也，顏子知微，故殆庶幾如此解。論語則顏子以知微之神妙而能安貧樂道，較賜也億屢中之明爲高遠矣，似可爲聞一知十，聞一知二作一證據。

注：三月不違仁，乃窺德行之門，若非志士仁人希邁之性，日月至焉者，豈能終之。

案：論語雍也：「子曰，回也，其心三月不違仁，其餘則日月至焉而已矣。」又論語衛靈公：「子曰，志士之人，無求生以害仁，有殺身以成仁。」

訓六蔽以戒偏材之失。

案：論語陽貨：「子曰：『由也，女聞六言六蔽矣乎？』對曰：『未也。』曰：『居！吾語女：好仁不好學，其蔽也愚。好知不好學，其蔽也蕩。好信不好學，其蔽也賊。好直不好學，其蔽也絞。好勇不好學，其蔽也亂。好剛不好學，其蔽也狂。』」非中庸之德，必有所偏，必有所蔽。六蔽者，愚、蕩、賊、絞、亂、狂也。「六言」皆美德，然徒好之，而不學以明其理，則各有所蔽也。案：「愚」，愚昧也。「蕩」，無所適守也。「賊」，賊害其身也。「絞」，猶刺也；好譏刺人之非，以成己之直也。「亂」，作亂也。「狂」，謂抵觸於人無迴避者也。

注：仁者愛物，蔽在無斷；信者露誠，蔽在無隱。

案：論語陽貨：「好仁不好學，其蔽也愚。」集解：「孔曰，仁者愛物，不知所以裁之，則愚。」又「好信不好學，其蔽也賊。」集解：「孔曰，父子不知相爲隱之輩。」

劉昞文，蓋本論語孔注。

思狂獧以通拘抗之材。

案：各本「獧」皆作「狷」。全三國文卷三十二作「狷」，則知古本如此。案「獧」「狷」古今字。論語子路篇：「子曰：『不得中行而與之，必也狂狷乎。狂者進取，狷者有所不爲也。』」孟子盡心下：「孟子曰：『孔子不得中道而與之，必也狂獧乎。』」字作獧。經籍纂詁去聲霰韻：「獧與狷同。」集韻上聲銑韻：「狷，有所不爲也，或作獧。」

注：或進趨於道義，或潔己而無爲。

案：論語子路：「狂者進取，狷者有所不爲也。」集解：「包曰，狂者進取於善道；狷者守節無爲。」

疾悾悾而無信。

案：論語泰伯：「子曰，狂而不直，侗而不愿，悾悾而不信，吾不知之矣。」集解：「包曰，悾悾，愨也，宜可信。」

注：厚貌深情，聖人難之。

案：莊子列禦寇：「孔子曰，凡人心險於山川，難於知天；天猶有春秋冬夏旦暮之期，人者厚貌深情。故有貌愿而益，有長若不肖，有順懁而達，有堅而縵，有緩而釬。故其就義若渴者，其去義若熱。」

注：聽其言而觀其所爲，則似託不得逃矣。

案：論語公冶長：「子曰，始吾於人也，聽其言而信其行。今吾於人也，聽其言而觀其行，於予與改是。」又說苑尊賢：「孔子對曰，夫以觀其行，雖有姦軌之人，無以逃其情矣。」此注「觀其所爲」蓋本論語「觀其行」。

察其所安，觀其所由。

案：論語爲政：「子曰，視其所以，觀其所由，察其所安，人焉廋哉。人焉廋哉。」

集解：「何曰，由經也。言觀其所經從。」

注：言必契始以要終。

案：易繫辭傳下：「易之爲書也，原始要終，以爲質也。」

注：則中外之情，粗可見矣。

案：各本「見」俱作「觀」，惟四庫全書本同今本。

三、人物志　卷上

九徵第一

九徵：

案：「九徵」者乃「九質之徵」，即本篇文「平陂之質在於神；明暗之實在於精；勇怯之勢在於筋；強弱之植在於骨；躁靜之決在於氣；慘懌之情在於色；衰正之形在於儀；態度之動在於容；緩急之狀在於言」九者也。蓋因人之材器、志尚不同，當以九徵審查而任使之。考莊子列禦寇篇亦見九徵，曰：「孔子曰，君子遠使之而觀其忠，近使之而觀其敬，煩使之而觀其能，卒然問焉而觀其知，急與之期而觀其信，委之以財而觀其仁，告之以危而觀其節，醉之以酒而觀其則，雜之以處而觀其色。九徵至，不肖人得矣。」蓋用以審查賢愚之準者也，與此異。

蓋人物之本，出乎情性。

案：大戴禮記哀公問五義第四十：「情性也者，所以理然、不然、取、舍者也。」天賦之性及由天性發動之情，乃治理、辨別是非、取與舍之根本也。白虎通德論情性：「情性也者何謂也，性者陽之施，情者陰之化也。人禀陰陽氣而生，故內懷五性六情。情者靜也；性者生也。此人所禀六氣以生者也，故鈎命決曰，情生於陰，欲以時念也；性生於陽以理也。陽氣者仁，陰氣者貪，故情有利欲，性有仁也。」漢書董仲舒傳云：「性者生之質也；情者人之欲也。」說文十下：「情，人之侌气有欲者。」又「性，人之昜气性善者也。」質樸之謂性，性非教化不成；人欲之謂情，情非度制不節。

情性之理，甚微而玄。

案：史記律書曰：「喜則愛心生，怒則毒螫加，情性之理也。」又四部備要據金臺本校刊本「玄」作「元」，蓋避清聖祖諱耳。古今圖書集成學行典第二卷學行總部第一二八卷觀人部引竝作「元」。

注：惟聖人目擊而照之。

案：莊子田子方：「仲尼見之而不言。子路曰：『吾子欲見溫伯雪子久矣，見之而不言，何邪？』仲尼曰：『若夫人者，目擊而道存矣，亦不可以容聲矣。』」郭注：「

目裁往，意已達，無所容其德音也。」釋文：「司馬云，見其目動而神實已著也。擊，動也。」目之所觸，而道自存，無可以容於言語。此聖人所以能知人心也。

凡有血氣者，莫不含元一以爲質。

案：禮記中庸：「凡有血氣者，莫不尊親。」漢書律曆志第一上載劉歆三統曆云：「經元一以統始，易太極之首也。春秋二以目歲，易兩儀之中也。」「元一」即太極也。「質」即元氣也。氣既由理而出，理即寓於氣之中。「含元一以爲質」，即理氣合一之論也。理氣合一，孕育滋長，由簡而繁，由陰陽而爲五行。

稟陰陽以立性。

案：白虎通德論情性：「性者陽之施，情者陰之化也。人稟陰陽氣而生，故內懷五性、六情。」「陰陽」者，迺天地之常，剛柔之性。人之情性與天地之陰陽相副，亦即人之所以法天也。性質於陰陽，故剛柔之意別矣。

注：性質於陰陽，故剛柔之意別矣。

案：易繫辭傳下：「乾，陽物也，坤，陰物也。陰陽合德，而剛柔有體。」說卦傳云：「昔者，聖人之作易也，將以順性命之理，是以立天之道，曰陰與陽。立地之道，曰柔與剛。」

體五行而著形。

案：「五行」謂水火木金土也。書洪範：「一五行，一曰水，二曰火，三曰木，四曰金，五曰土。水曰潤下，火曰炎上，木曰曲直，金曰從革，土援稼穡。潤下作鹹，炎上作苦，曲直作酸，從革作辛，稼穡作甘。」正義：「言五者性異而味別，名爲人之用。書傳云，水火者，百姓之求飲食也；金木者，百姓之所興作也；土者，萬物之所資生也，是爲人用五行即五材也。謂之行者，若在天，則五氣流行，在地，世所行用也。」淮南子本經篇：「聖人節五行，則治不荒。」注：「五行，金木水火土也。水屬陰行，火爲陽行，木爲燠行，金爲寒行，土爲風行，五氣常行，故曰五行。」「行」，欲言爲天行氣之義也。地之承天，猶妻之事夫，臣之事君也。五行之說，即以人事之變化，配合天道之運行也。

凡人之質量中和最貴矣。

案：中庸第一章：「喜怒哀樂之未發，謂之中；發而皆中節，謂之和。中也者，天下之大本也；和也者，天下之達道也。致中和，天地位焉，萬物育焉。」夫天地所育，萬品紛紜，人禀氣生，性各有殊。有失其中，不免狂狷，致流於抗拘。「抗者過之，而拘者不逮」此皆人性之偏至，有違中庸之德。「中和」者，汎然不繫於一物，澹然不具彩色，故能隨化應節，調和中道臻於完美。

注：質白受采，味甘受和。

案：禮記禮器：「甘受和，白受采。忠信之人，可以學禮。」正義：「甘爲衆味之本，不偏主一味，故得受五味之和。白是五色之本，不偏主一色，故得受五色之采。以其質素，故能勻受衆味及衆采也。」

注：人情之良田也。

案：禮記禮運：「故人情者，聖王之田也。脩禮以耕之。」鄭注：「和其剛柔。」

中和之質，必平淡無味。

案：老子三十五章：「道之出口，淡乎其無味，視之不足見，聽之不足聞，用之不足既。」中庸之德，其質無名，不偏不倚，謂之「中和」。故中和之質，則淡乎其無味也。

注：惟淡也，故五味得和焉。

案：管子水地：「淡也者，五味之中也。」「中」，即「和也」；「中和也」。易蒙象辭：「以亨行時中也。」釋文：「中，和也」。

注：若酸也，則不能鹹矣。

案：「也」字，涉上文「惟淡也」而衍。上注云：「若苦，則不能甘矣。」刪「也」字，則句法一律。

故能調成五材，變化應節。

案：體別篇云：「夫中庸之德，其質無名。故鹹而不鹻，質而不縵，文而不繢，能威能懷，能辨能訥，變化無方，以達爲節。」可爲此文之註脚。劉邵本文之意，蓋指「中和」者，如五味中之「鹽」，但又「鹹而不鹻」，如五行中之「水」，但又「淡而不醴」；有其眞純之本質，但又「質而不縵」；有其絢美之文采，但又「文而不繢」，是以「能威、能懷、能辨、能訥」。其能「變化無方，以達爲節」者，歸於「中庸之德也」。

注：譬之驥騄雖超逸絕羣，若氣性不和，必有毀衡碎首決胷之禍也。

案：「驥騄」者良馬名。論衡案書：「故馬效千里，不必驥騄。」後漢書東夷傳：「穆王後得驥騄之乘。」「驥騄」或稱「騄驥」。文選張平子南都賦：「騄驥齊鑣」李善注：「騄驥，馬之名也。穆天子傳：八駿有赤驥騄耳。」可證。又「毀衡」，義不可通，「衡」疑是「銜」之誤。考莊子人閒世：「夫愛馬者，以筐盛矢，以蜄盛溺。適有蚉蝱僕緣，而拊之不時，則缺銜毀首碎胷。」義與此近，「衡」正作「銜」。

注：離目坎耳，視聽之所由也。

案：藍格鈔本「離」作「离」，「聽」作「聽」。葉刊評點本「聽」亦作「聽」，四部叢刊本則作「聽」，四庫全書本同今本。考說文四上隹部：「離，从隹离聲。」又十二上耳部：「聽，聆也，从耳悳壬聲。」案「聽」正字，作「聽」「聼」者俗字。又周易說卦傳：「坎爲耳，離爲目。」正義：「坎爲耳，坎北方之卦，主聽，故爲耳也。離爲目，南方之卦，主視，故爲目也。」

陰陽清和，則中叡外明。

案：「叡」當作「叡」，四部備要據金臺本校刊本正作「叡」。「叡」，古作「睿」。說文四下又部：「睿，古文叡。」集韻去聲祭韻亦云：「叡，古作睿」。考書洪範云：「視曰明，思曰睿。」

聖人淳耀。

案：國語鄭語鄭桓公寄孥虢鄶：「夫黎爲高辛氏火正，以淳燿敦大，天明地德，光照四海，故命之曰祝融，其功大矣。」韋注：「淳，大也。燿，明也。」（「耀」「燿」，音義竝同。）

知微知章。

案：易繫辭傳下：「君子知微知彰，知柔知剛，萬夫之望。」（「章」「彰」相通。）

注：官材授方，舉無遺失。

案：左傳閔公二年：「授方任能」杜注：「方，百事之宜也。」

達動之機。

案：易繫辭傳下：「幾者動之微，吉之先見也。」

注：則勁捷而無成。

案：文選左思魏都賦：「誰勁捷而無猥。」「勁捷」與「勁疾」同，即強勁疾急之謂。

猶火日外照，不能內見，金水內暎，不能外光。

案：大戴禮記曾子天圓：「明者吐氣者也，是故外景；幽者含氣者也，是故內景。故火日外景，而金水內景。吐氣者施而含氣者化，是以陽施而陰化也。」盧注：「外景者陽道施也；內景者陰道含藏也。火氣陽也，金質陰也。」

注：陽動陰靜。

案：莊子天道：「靜而與陰同德，動而與陽同波。」此文亦見於刻意篇。

弘毅也者，仁之質也。

案：論語泰伯：「曾子曰，士不可以不弘毅，任重而道遠。仁以爲己任，不亦重乎！

死而後已，不亦遠乎！」集解：「包曰，弘，大也。毅，強而能斷也。」

注：木則垂蔭。

案：長短經卷一知人篇引「蔭」作「陰」。韻會云：「蔭通作陰」。釋名釋形體：「陰，蔭也，言所在蔭翳也。」

文理也者，禮之本也。

案：禮記中庸：「文理密察，足以有別也。」

謂之貞固。

案：周易乾文言：「貞固足以幹事。」疏：「貞固足以幹事者，言君子能堅固貞正，令物得成，使事皆幹濟，此法天之貞也。」古今圖書集成學行典第一卷學行總部引云：「貞固者，知正之所在而固守之，所謂知而弗云者也，故足以爲事之幹。」案乾文言一語，亦見於文選蔡伯喈郭有道碑文。

注：土必吐生，爲信之基也。

案：說文十三下：「土，地之吐生萬物者也。」又長短經卷一知人篇引無「也」字。此涉正文「也」字而衍。上注云：「爲仁之質」、「爲禮之本」；下注云：「爲義之決」、「爲智之原」，語例正同。

勇敢也者，義之决也。

案：葉刊評點本「决」作「決」。淵鑑類函卷二八三引「决」亦作「決」。說文十一上二水部：「決，从水夬聲」。案「决」即「決」之俗。考禮記聘義第四十八云：「有行之謂有義，有義之謂勇敢，故所貴於勇敢者，貴其能以立義也；所貴於立義者，貴其有行也；所貴於有行者，貴其行禮也；故所貴於勇敢者，貴其敢行禮義也。」

注：水流疏達爲智之原。

案：四庫全書本、藍格鈔本「疏」竝作「䟽」，兩京遺編本作「䟽」，足證亦爲「䟽」字。說文十四下疋部：「疏，通也，从㐬从疋，疋亦聲。」段玉裁注云：「古疋疏䟽三字通用。」說文足部不見「䟽」字，朱駿聲通訓定聲豫部以「踈」爲「疏」之俗，亦未提及「䟽」字，然集韻平聲模韻云：「䟽：粗也，鄭司農曰䟽食菜羹。」又廣韻魚韻云：「䟽或作疋，俗作踈」，正字通云：「踈同疏」，則「疏」「䟽」「踈」「踈」通用明矣。（下不復出）

五質恒性，故謂之五常也。

案：「恒」字缺末筆，蓋避宋眞宗諱，各本循而不易，惟四庫全書本仍作「恒」。又白虎通德論情性：「五常者何，謂仁義禮智信也。仁者不忍也，施生愛人也；義者宜也，斷決得中也；禮者履也，履道成文也；智者知也，獨見前聞不惑於事見微者也；信者誠也，專一不移也。故人生而應八卦之體，得五氣以爲常，仁義禮智信是也。」又漢書藝文志：「六藝之文：樂以和神，仁之表也；詩以正言，義之用也；禮以明體，明者著見，故無訓也；書以廣聽，知之術也；春秋以斷事，信之符也。五者，蓋五常之道，相須而備，而易爲之原。」漢書董仲舒傳：「夫仁誼禮智信五常之道，王者所當脩飭也，五者脩飭，故受天之祜，而享鬼神之靈，德施于方外，延及羣生也。」（案誼、義古今字。誼本作誼。又知、智古今字。段玉裁注謂知、智音義皆同，多通用）。論衡問孔亦云：「五常之道，仁義禮智信也。」

溫直而擾毅。

案：書臯陶謨：「擾而毅，直而溫。」孔傳：「擾，順也。致果爲毅。」又「行正直而氣溫和。」又文選馬融長笛賦：「溫直擾毅。」李善注：「尙書臯陶曰：『擾而毅，直而溫。』言正直而有溫和也。溫和正直，柔而能毅也。」

剛塞而弘毅。

案：書臯陶謨：「剛而塞。」孔傳：「剛斷而實塞。」又「弘毅」，說已見前。

原恭而理敬。

案：書皐陶謨：「愿而恭，亂而敬。」孔傳：「慤愿而恭恪。」又「亂，治也。有治而能謹敬。」

寬栗而柔立。

案：書皐陶謨：「寬而栗，柔而立。」孔傳：「性寬弘而能莊栗。」又「和柔而能立事。」

簡暢而明砭。

案：宋文寬夫人物志跋云：「愚謂『明砭』都無意義，自東晉諸公草書『啓』字爲然。疑爲『簡暢而明啓』耳。」其注云：「邵之敍五行曰『簡暢而明砭，火之德也』。徧檢書傳，無『明砭』之證。案字書，砭者以石刺病，此外無他訓，然自魏晉以後，轉相傳寫，豕亥之變，莫能究知。不爾則邵當別有異聞，今則亡矣。」考體別篇：「狷介之人，砭清激濁」；利害篇：「臧否之業，本乎是非，其道廉而且砭」，是「砭」字又見於本書者也。「明砭」是否有誤，實不敢妄斷矣。

注：德輝外耀。

案：禮記祭義：「故德煇動乎內，而民莫不承聽。」「煇」同「輝」。

直容之動，矯矯行行。

案：廣雅卷六上釋訓：「矯矯，武也」，疏證：「中庸云，強哉矯，是矯爲武也，重言之，則曰矯矯。爾雅，矯矯勇也。周頌酌篇，蹻蹻王之造。毛傳云，矯矯，武貌。魯頌泮水篇，矯矯虎臣，釋文作蟜蟜，竝字異而義同。」又論語先進：「子路行行如也。」鄭注：「行行，剛強之皃。」漢書敍傳幽通賦：「固行行其必凶兮，免盜亂爲賴道。」師古曰：「行行，剛強之貌。行音胡浪反。」

休容之動，業業蹌蹌。

案：書皐陶謨：「兢兢業業，一日二日萬機。」孔傳：「業業，危懼。」詩大雅雲漢：「兢兢業業，如霆如雷。」毛傳：「業業，危也。」又禮曲禮下第五：「士蹌蹌。」注：「行容止之貌也。」爾雅釋訓第三：「蹌蹌，動也。」義疏：「釋文云，蹌本又作鶬或作鏘，並音同叚借字。

德容之動，顒顒印印。

案：「顒顒」，溫和敬順；「印印」，盛滿高貴，皆君之德也。爾雅釋訓：「顒顒印印，君之德也。」詩大雅卷阿：「顒顒印印，如圭如璋。」毛傳：「顒顒，溫貌；印印，盛貌。」鄭箋：「志氣則印印然高朗，如玉之圭璋也。正義曰：「傳亦以顒顒爲體貌，故爲溫；印印爲志氣，故爲盛，其意與箋同。」荀子正名亦引卷阿之篇，注云：

「顒顒，體貌，敬順也。卬卬，志氣高朗也。」文選枚叔七發：「顒顒卬卬，椐椐彊彊，莘莘將將。」李善注曰：「顒顒卬卬，波高貌也。」

注：心不繫一，聲和乃變。

案：禮記樂記：「凡音之起，由人心生也。人心之動，物使之然也。感於物而動，故形於聲。聲相應，故生變。」

故仁目之精，愨然以端。

案：淮南子主術篇：「其民樸重端愨。」注：「端，直也；愨，誠也。」禮祭義第二十四：「其親也愨」，疏謂質愨。案「愨」本作「愨」。說文十下心部：「愨，謹也，从心㱿聲」，段玉裁注云：「廣韻曰謹也，善也，愿也，誠也。據韵會大司寇注：愿㱿，愼也。用叚借字。㱿者，愨之俗字也。」

勇膽之精，曄然以彊。

案：四庫全書本「曄」作「煜」蓋避清聖祖諱，他本則竝同今本。說文七上日部：「曅，灮也，从日𠦬。」段玉裁注云：「也當作皃，字之誤。思玄賦舊注云，曄，光皃。漢書敍傳云，世宗曄曄。吳都賦云，飾赤烏之韡曄。鍇本日在𠦬上。玉篇曰，說文作曅。大徐日在旁，非也。」又十上火部：「煜，燿也，从火昱聲。」案「曄」「煜」，形雖異，其誼不別。考文選馬融長笛賦：「奄忽滅沒，曄然復揚。」李善注：「方言曰，曄，盛皃。」

注：未能不厲而威。

案：禮記表記：「子言之：『歸乎！君子隱而顯，不矜而莊，不厲而威，不言而信。』」鄭注：「厲，謂嚴顏色。」

注：能勇而不能怯。

案：說苑雜言：「回能信而不能反，賜能敏而不能屈，由能勇而不能怯，師能莊而不能同。」蓋劉注所本。

注：動必悔吝隨之。

案：顧定芳刊本、四庫全書本「隨」皆作「随」。說文不錄「随」字。字鑑平聲上支韻：「隨，說文從也，从辵墮省聲，上从左从肉。五經文字云作随誤」。考易繫辭傳上：「是故吉凶者，失得之象也。悔吝者，憂虞之象也。」又繫辭傳下：「吉凶悔吝者，生乎動者也。」「爻也者，效天下之動者也，是故吉凶生而悔吝著也。」

注：本彊激訐。

案：長短經卷一引「彊」作「强」，「激」作「傲」。「彊」，本字，「強」，叚借字。段玉裁注云：「以強爲彊，是六書之叚借也。」「激」當作「徼」，形近因以致誤耳。說詳體別篇孫說。

注：失其正直。

案：長短經卷一知人篇引「直」作「色」，誤。正文「直而不柔則木」，可證。

勁而不精則力。

案：「勁」，強也。淮南子說林篇：「弓先調而後求勁。」注：「勁，強。」此謂強勁而不精，則蠻力耳。

注：負鼎絕臏，失其正勁。

案：史記秦本紀：「武王有力，好戲。力士任鄙、烏獲、孟說，皆至大官。王與孟說舉鼎絕臏。八月，武王死。族孟說。」爲劉昞此注所本。又長短經卷一知人篇引「臏」作「髕」。說文不錄「臏」字，段玉裁注云：「臏者髕之俗。」

氣而不清則越。

案：「越」當作「越」。說文二上走部：「越，度也，似走戉聲。」當據正。左傳昭四年：「風不越而殺。」注：「越，散也。」淮南子主術篇：「精神勞則越。」注：「越，散。」此謂氣不清順，則其聲散而不揚也。

注：好智無涯，蕩然失絕。

案：論語陽貨：「好知不好學，其蔽也蕩。」集解引孔曰：「蕩，無所適守。」莊子養生主：「吾生也有涯，而知也無涯。以有涯隨無涯，殆已。」

注：勇而能怯，仁而能決。

案：說苑敬愼：「孔子曰：『高而能下，滿而能虛，富而能儉，貴而能卑，智而能愚，勇而能怯，辯而能訥，博而能淺，明而能闇，是謂損而不極。能行此道，唯至德者及之。』」

五常既備，包以澹味。

案：「澹」通「淡」。文選潘岳金谷集作詩：「綠池汎淡淡。」李善注：「東京賦曰：淥水澹澹，澹與淡同。」則「澹味」即「淡味」也。論衡自紀：「膳肴無澹味，然則通人造書文，無瑕穢。」

物生有形，形有神精。

案：左傳僖十五年：「龜，象也；筮，數也。物生而後有象，象而後有滋，滋而後有數。」又莊子知北遊：「夫昭昭生於冥冥，有倫生於無形，精神生於道，形本生於精，而萬物以形相生。」

注：下至皁隸牧圉，皆可想而得之也。

案：漢書劉向傳：「降爲皁隸。」師古曰：「皁隸，卑賤之人也。」又左氏昭七年：

「天有十日，人有十等。下所以事上，上所以共神也，故王臣公，公臣大夫，大夫臣士，士臣皁，皁臣輿，輿臣隸，隸臣僚，僚臣僕，僕臣臺，馬有圉，牛有牧。」注：「養馬曰圉，養牛曰牧。」左氏襄十四年：「庶人工商，皂隸牧圉，皆有親暱，以相輔佐。」案「皁隸牧圉」，迺賤役之稱。

注：聖人有以見天下之動，而擬諸形容。

案：易繫辭傳上：「聖人有以見天下之賾，而擬諸其形容，象其物宜，是故謂之象；聖人有以見天下之動，而觀其會通，以行其典禮，繫辭焉以斷其吉凶，是故謂之爻。」迺劉注此文所本。

注：故能窮理盡性，以至於命。

案：易說卦：「窮理盡性，以至于命。」（帛書本此二句入繫辭傳）蓋劉昞此注所本。考古今圖書集成學行典第四十五卷性命部：「程子曰：『窮理盡性至命一事也，才窮理便盡性，盡性便至命，如木可以爲柱理也，其曲直者性也，其所以曲直者命也，理，性命一而已。理則須窮，性則須盡，命則不可言窮與盡，只是至於命也。』張子曰：『程子說，只窮理便是至於命，亦是失於太快。此義儘有次序，須是窮理，便能盡得己之性，則推類又盡人之性，既盡得人之性，須盡併萬物之性一齊盡，得如此然後至於天道也，其間煞有事，豈有當下便理會了，學者須是窮理爲先，如此則方有學。今言知命與至於命，儘有遠近，豈可以知便謂之至也！』」朱子曰：「窮理是知，盡性是行覺。如爲子知，所以爲孝，爲臣知，所以爲忠，此窮理也。爲子能孝，爲臣能忠，此盡性也。能窮其理而充其性之所有，方謂之盡，以至於命，是拖脚說得於天者。蓋性是我之所至者，命是天之所以與我者也，如舜盡事親之道，至天下之爲父子者定知此者窮理者也，此者盡性者也。」

平陂之質在於神。

案：易泰九三：「无平不陂，无往不復。」

勇怯之勢在於筋。

案：「筯」即「筋」之或字。玉篇：「筯，俗筋字」；爾雅釋地：「北方之美者，有幽都之筋角焉。」釋文：「筋本或作筯」咸其證。考荀子非相：「筋力越勁，百人之敵。」可爲此文注脚。

注：故骨剛則植彊，骨柔則植弱。

案：長短經卷一知人篇引「剛柔」作「粗細」，不知何據，姑誌此，以俟後考。

愫懌之情在於色。

案：「憏」即「慘」之俗字。爾雅釋詁：「慘，憂也」。又案「懌」，悅也。漢書敍傳上：「放等不懌。」師古注曰：「懌，悅也，音亦。」「慘」與「懌」對文。

衺正之形在於儀。

案：「儀」者儀容也，威儀也。廣雅釋訓疏證：「儀，儀容也。」廣韻上平聲支韻：「儀，儀容。」詩鄘風相鼠：「人而無儀。」箋：「儀，威儀也。」

注：容者動之符也，故衺動則容態，正動則容度。

案：藍格鈔本「衺」作「袤」，誤。四庫全書本則作「邪」。考說文八上衣部：「衺，𧙗也，从衣牙聲。」段玉裁注云：「衺，今字作邪。」集韻平聲麻韻亦云：「衺，謂不正，或作邪。」「邪」與「正」相對。作「袤」者，形近致誤。

注：心褊則言急。

案：長短經卷一知人篇引「褊」作「偏」。今本作「褊」是也。考說文八上衣部：「褊，衣小也。」段玉裁注：「引伸爲凡小之偁。」上注云：「心恕則言緩」，義正相承，若作「偏」，則非其恉矣。

質素平澹。

案：長短經卷一知人篇引「質」上有「若」字，疑今本誤脫。又「澹」作「淡」。案

「澹」通「淡」。（說見前）

儀正容直。

案：孫說云：「按正本作崇。崇直即正直也。此涉上文『衺正之形』而誤。」下文云：『九徵有違，則偏雜之材也。』劉注云：『或筋勁植固而儀不崇直』即本此語。長短經引亦作崇。」考長短經卷一知人篇引正作「崇」。

九徵皆至，則純粹之德也。

案：離騷：「昔三后之純粹兮。」王逸注：「至美曰純，齊同曰粹。」又詩周頌維天之命：「文王之德之純。」此言純粹之德者，謂純一不雜之德也。

注：非至德大人，其孰能與於此？

案：禮記表記：「非至德，其孰能如此乎？」又易乾文言傳：「夫大人者，與天地合其德，與日月合其明，與四時合其序，與鬼神合其吉凶。」

注：猶百工衆伎，各有其名也。

案：莊子天下篇：「猶百家衆技也，皆有所長，時有所用。雖然不該不徧，一曲之士也。」蓋此注所本。

兼德之人更爲美號。

案：此語上當有「兼材之人以德爲目」及注：「仁義禮智，得其一目」計十六字，今本及四庫全書本竝奪。當據顧定芳刊本、梁夢龍刊本、藍格鈔本、明刻本、葉刊評點本、四部叢刊涵芬樓景明正德刊本、四部備要據金臺本校刊本增補。

注：育物而不爲仁，齊衆形而不爲德。

案：「育」上脫「萬」字。「萬物」、「衆形」，義相應然。考莊子大宗師：「䪡萬物而不爲義，澤及萬世而不爲仁，長於上古而不爲老，覆載天地刻雕衆形而不爲巧。」又天道：「䪡萬物而不爲戾，澤及萬世而不爲仁，長於上古而不爲壽，覆載天地刻雕衆形而不爲巧。」皆爲劉昞此注所本。

注：與物無際。

案：莊子知北遊：「物物者，與物無際。而物有際者，所謂物際者也。」郭注：「明物物者，無物而物自物耳。物自物耳，故冥也。」

注：大仁不可親，大義不可報。

案：莊子齊物論：「大道不稱，大辯不言，大仁不仁，大廉不嗛，大勇不忮。」淮南子詮言訓：「大道無形，大仁無親，大辯無聲，大廉不嗛，大勇不矜。」

注：無德而稱。

案：藍格鈔本、葉刊評點本「稱」皆作「稱」，四庫全書本亦作「稱」。今本注文凡「稱」字，均作「稱」。說文七上禾部：「稱，銓也，从禾爯聲。」段玉裁注：「銓者，衡也。聲類曰銓，所以稱物也。稱俗作秤。按爯，并舉也，偁，揚也。今皆用稱，稱行而爯、偁廢矣。」案「稱」亦俗字。考藤原楚水書法大字典載宋蘇軾已俗書如此。

具體而微，謂之德行。

案：孟子公孫丑下：「昔者竊聞之：子夏、子游、子張，皆有聖人之一體。冉牛、閔子、顏淵，則具體而微。」又曰：「冉牛、閔子、顏淵，善言德行。」

德行也者，大雅之稱也。

案：漢書景十三王傳贊：「夫唯大雅，卓爾不羣。」班固西都賦：「大雅宏達，於茲爲羣。」大雅謂宏達雅正也，今文人相稱，恆曰大雅。

注：失道而成德，抑亦其次也。

案：老子三十八章：「故失道而後德，失德而後仁，失仁而後義，失義而後禮。」考老子語亦見於莊子知北遊篇。又論語子路：「言必信，行必果。硜硜然小人哉。抑亦可以爲次矣。」

一至，謂之偏材。偏材，小雅之質也。

案：文選任彥昇爲齊明帝讓宣城郡公第一表：「愚夫一至」李善注引此文，正同。

注：善惡飡渾。

案：「飡」即「參」之俗。論衡本性：「揚雄言，人性善惡混者，中人也。」（說文「渾」、「混」義別，然今多不分）。

注：胡可擬議。

案：易繫辭傳上：「擬之而後言，議之而後動。擬議以成其變化。」

注：其心孔艱者。

案：詩小雅何人斯：「彼何人斯，其心孔艱。」鄭箋：「孔，甚；艱，難。」

是以畧而不槩也。

案：今「概」字即「槩」之俗。此本猶存古本舊皃。

體別第二

夫中庸之德，其質無名。

案：莊子逍遙遊：「至人無己，神人無功，聖人無名。」

注：汎然不繫一貌。

案：莊子列禦寇：「巧者勞而智者憂。無能者無所求，飽食而遨遊。汎若不繫之舟，虛而遨遊者也。」郭注：「夫無能者，唯聖人耳。過此以下至於昆蟲，未有自忘其能而任衆人者也。」

注：人無得而稱焉。

案：「人」本作「民」，蓋避唐太宗諱耳。論語泰伯：「子曰，泰伯其可謂至德也已矣。三以天下讓，民無得而稱焉。」

故鹹而不鹻。

案：禮曲禮下：「鹽曰鹹鹺」釋文：「鹹本又作醎，音咸」，然朱駿聲則以「醎」爲「鹹」之誤字。慧琳一切經音義卷八鹹鹵條亦云：「經從酉作醎，非也。」集韻平聲四咸韻亦云：「鹹，俗从酉，非是。」玉篇卷三十酉部云：「醎，音咸，俗鹹字。」考六書故卷七云：「鹹，潤下之味也」；又云：「鹻，鹵之凝者也。」本草鹵鹹釋名，時珍曰：「鹹有音二，音咸者潤下之味，音減者鹽土之名，後人作鹼，作鹻，是矣。」又慧琳一切經音義卷七鹹鹵條云：「上匣巖反。尚書云：『水曰潤下，潤下作鹹。』介雅：『苦也』。說文云：『北方味也』。下郎覩反。杜預注左傳云：『淳鹵确薄之地也。』說文云：『西方鹹地也，從西省象鹽形也。』」玉篇卷十五鹵部云：「鹹：苦也，爾雅注，苦即大鹹」「鹼：公漸切，鹵也」「鹻，公漸切，鹵也」，謂「鹼」「鹻」爲一字二體，音義皆同。考集韻平聲鹽韻云：「鹽在水曰鹼」；上聲豏韻云：「鹼，鹹也，或从兼」，可爲佐證。

注：謂之醎耶，無鹻可容，公成百鹵也，與鹹同。

案：「公成百鹵也」，義不可通。四庫全書本「公成百」作「公漸切」，「鹹」作「鹼」，迺據玉篇改耳（見四庫全書考證）。葉刊評點本缺「公」以下八字，當是已知其誤，而刪除之矣。

淡而不⿰酉貴。

案：字彙補：「⿰酉貴，音未詳。」說文亦不錄「⿰酉貴」字。

質而不縵。

案：凡無文飾者皆曰「縵」。國語晉語五：「乘縵不舉。」注：「車無文也。」桂馥說文解字義證卷四十一：「莊子：『武士之纓，亦以縵名。』注云：『謂纓無文。』」

文而不繢。

案：「繢」通「繪」，畫文綵也。禮深衣第三十九：「衣純以繢。」注：「純謂緣之也，繢，畫文也。」謝華啓秀卷三引「繢」正作「繪」。又漢書東方朔傳：「狗馬被繢罽。」師古注曰：「繢，五綵也。」

能威能懷。

案：左傳文七年：「晉郤缺言於趙宣子曰：『叛而不討，何以示威。服而不柔，何以示懷。非威非懷，何以示德。無德，何以主盟。』」

能辨能訥。

案：說苑敬愼：「孔子曰：『辯而能訥，博而能淺，明而能闇，是謂損而不極。能行此道，唯至德者及之。』」

注：是以望之儼然，即之而文。

案：論語子張：「子夏曰：『君子有三變。望之儼然，即之也溫，聽其言也厲。』」

注：言滿天下，無辭費。

案：孝經卿大夫：「言滿天下，無口過。行滿天下，無怨惡。」又禮記曲禮上：「禮不妄說人，不辭費。」釋文：「言而不行爲辭費。」

注：勵然抗奮於進趨之塗。

案：四庫全書本「奮」作「奮」，「塗」作「途」。說文四上大部：「奮，翬也，从奞在田上，詩曰不能奮飛。」案「奮」是也，他本不誤。又說文辵部無「途」字，「土」部亦無「塗」字，足見二字皆後起之字。說文通訓定聲預部云：「徐，安行也，从彳余聲。古借涂，後變作途，又作塗。」案：「塗」即今「途」字。

注：養形至甚，則虎食其外。高門懸薄，則病攻其內。

案：莊子達生：「悲夫！世之人以爲養形足以存生，而養形果不足以存生。」又「魯有單豹者，巖居而水飲，不與民共利，行年七十而猶有嬰兒之色，不幸遇餓虎，餓虎殺而食之。有張毅者，高門縣薄，無不走也。行年四十而有內熱之病以死。豹養其內，而虎食其外。毅養其外，而病攻其內。此二子者，皆不鞭其後者也。」

是故厲直剛毅，材在矯正。

案：長短經卷一德表篇引「正」作「止」。考說文二下止部：「止，下基也，象艸木出有阯，故目止爲足。」「正，是也，从一，一目止。」詩邶風終風序：「不能正也。」

注：「正，猶止也。」

失在激訐。

案：孫曰：「『激』當作『徼』，字之誤也，下注同。論語陽貨篇：『惡激以爲知者，惡不孫以爲勇者，惡訐以爲直者。』集解：『孔曰：徼抄也，抄人之意以爲己有。包曰：訐，謂攻發人之隱私。』釋文：『徼，鄭本本作絞。』馮氏登府異文考證：『禮記隱義云：齊以相絞訐爲掉磬；論語言絞以爲知；又云訐以爲直；絞訐連文，正齊魯之方言。』劉恭冕又申孔、包之誼云：『說文徼，循也。循，順行也。漢書言中尉徼循京師，引申爲凡遮取之義，故注訓抄。說文：叉取也，無抄字。一切經音義二引字書：抄，掠也。又引通俗文，遮取謂之抄掠。音義又云：古文抄剿二形。案曲禮毋剿說注：剿猶擥也；謂取人之說以爲己說，與此注意同。釋文引說文云：訐面相斥，是訐爲攻發也。陰私人所諱言，而面向攻發，以爲己直也。』」

柔順安恕，每在寬容，失在少決。

案：長短經卷一德表篇、古今圖書集成學行典第二卷學行總部引「每」作「美」，李氏思益軒刊本亦作「美」。「每」本作「𡴫」。說文一下母部：「𡴫，艸盛上出也。」是每爲盛也。左氏僖二十八：「原田每每。」注：「晉軍美盛，若原田之草每每然。」疑「美」字是。作「每」者，蓋音近而誤也。

雄悍傑健。

案：長短經卷一德表篇引「傑」作「桀」。說文八上人部：「傑，埶也。」段玉裁注曰：「以疊韵爲訓，埶本種埶字，引伸爲勢力字。傑者言其勢傑然也。衞風毛傳曰：

『桀，特立也。』」「傑」，从人桀聲，往往通用。又「傑」之名，古經訓所傳不一。考孟子公孫丑上：「俊傑在位。」注：「萬人者稱傑。」白虎通引別名記曰：「萬人曰傑。」史記屈原傳索隱引尹文子亦曰：「萬人曰桀。」與孟子注同，亦爲「傑」「桀」通用之證。淮南子泰族篇云：「千人者謂之傑。」春秋繁露爵國云：「百人者曰傑。」戰國策齊策注云：「千人曰傑。」案諸說言人數多寡雖異，然以「傑」喻其才智，則一也。又「多忌」恐非。下文云：「懼慎之人，畏患多忌。」則「多忌」之失，當指「懼慎之人」言之，而此竟謂「雄悍傑健」者，前後自相乖戾也。

彊楷堅勁，用在楨幹。

案：長短經卷一德表篇引「彊」作「強」。「彊」「強」，古今字之異耳。徐鼒讀書雜釋七亦云「彊」與「強」通。又「楨幹」同「楨榦」，喻良材也。尚書費誓：「魯人三郊三遂，峙乃楨榦」孔傳：「楨旁曰榦。」說文六上：「榦築牆耑木也。」段玉裁注：「釋詁曰，楨，榦也，舍人曰，楨，正也，築牆所立兩木也。榦，所以當牆之兩邊鄣土者也。榦俗作幹。」漢書匡衡傳：「朝廷者，天下之楨幹也。」後漢書盧植傳：「士之楷模，國之楨幹也。」皆从俗作幹。

普博周給，弘在覆裕。

案：「裕」爲「裕」之誤。說文八上：「裕，衣物饒也，从衣谷聲。」當據正。考尚書康誥：「弘于天若。德裕乃身。」荀子富國：「弘覆乎天若。德裕乃身。」「弘」下多著「覆」字，是。蓋此文所本。又葉刊評點本「愽」作「博」。長短經卷一德表篇、古今圖書集成學行典第二卷學行總部引「愽」亦作「博」，又引「給」作「洽」，引「弘」作「崇」。正字通云：「愽，俗博字。」「弘」作「崇」者，蓋避乾隆諱。案「博」亦「普」也。增韻云：「博，普也。」可證。又「給」，誤，當作「洽」。「周洽」即周徧霑洽也。下文「弘普之人，意愛周洽」，正作「周洽」。宜正之。

注：溷濁生於周普。

案：「周普」迺周徧普及也，與「洽普」「周溥」同。宋史樂志：「降福穰穰，德施周普。」

清介廉潔，節在儉固。

案：楚辭宋玉招魂：「朕幼清以廉潔兮。」王注：「不求曰清；不受曰廉；不汙曰潔。」又論語述而：「奢則不孫，儉則固，與其不孫也，寧固。」集解：「孔曰，固，陋也。」

失在拘局。

案：「局」即「局」之別字。六朝、唐人俗書如此。「拘局」猶「局促也」。考說文二上尸部：「局，促也，从口在尺下復局之，一曰博，所㠯行棊。象形。」四庫全書本作「局」，長短經卷一德表篇、古今圖書集成學行典第二卷學行總部引亦作「局」，他本則竝同今本。

樸露徑盡。

案：長短經卷一德表篇引「徑」作「經」。「經」與「徑」通。說文十三上系部：「經，織從絲也，从系巠聲。」又二下彳部：「徑，步道也，从彳巠聲。」段玉裁注云：「謂人及牛馬可步行，而不容車也。」案「徑」「經」，同从巠得聲，古往往不分。考易上經釋文、廣雅釋言：「經，徑也」；釋名：「徑，經也，言人之所經由也」，二字疊訓。又文選張衡西京賦：「於是量徑輪」薛綜注：「南北爲徑」；周髀算經下：「則正督經緯」注：「南北爲經」皆其證。徐鼒讀書雜釋卷六云：「審端經術，呂覽作審端徑術。衞氏集說、陳氏集說，俱作徑。宋本注疏作經。經、徑古人叚借通用。左傳趙衰以壺飧從徑，釋文云讀徑爲經。史記高祖本紀，高祖被酒夜徑澤中，索隱曰徑舊音經。楚辭招魂經堂入奧注云，經亦作徑，知經、徑古通也。」可爲佐證。

權在譎略。

案：「譎略」謂譎詐之謀也。三國志吳書賀全呂周鍾離傳評云：「呂岱清恪在公；周魴譎略多奇。」

及其進德日。

案：易乾文言傳：「君子進德脩業，欲及時也。」

揆中庸以戒其材之拘抗。

案：長短經卷一德表篇引「拘抗」作「拘亢」。案「亢」與「抗」通。說文通訓定聲壯部以「亢」叚借爲「抗」。左氏宣十三年：「亢大國之討，將以誰任。」注：「亢，禦也。」漢書陳勝項籍傳贊：「不亢九國之師。」師古注：「亢，當也，讀與抗同。」

注：或負石沉軀，或抱木燋死。

案：莊子盜跖：「申徒狄諫而不聽，負石自投於河，爲魚鼈所食。介子推至忠也，自割其股，以食文公，文公背之，子推怒而去，抱木而燔死。」迺此注所本。考申徒狄負石自沉於淵一事，亦見於淮南子說山篇。

猶晉楚帶劒，遞相詭反也。

案：戰國策魏策四：「管鼻之令翟強與秦事，謂魏王曰：『鼻之與強，猶晉人之與楚人也。晉人見楚人之急帶劍而緩之，楚人惡其緩而急之。』」

是故彊毅之人狠剛不和。

案：韓非子亡徵：「狠剛而不和，愎諫而好勝，不顧社稷，而輕爲自信者，可亡也。」「狠剛」即狠毒剛愎之意。

不戒其彊之搪突，而以順爲撓，厲其抗。

案：「突」當作「突」，奪一點則非是，當从說文正之。案「搪突」一作「唐突」。後漢書段熲傳：「羌遂陸梁，覆沒營塢，轉相招結，唐突諸郡。」晉書周顗傳：「庾亮嘗謂顗曰：『諸人咸以君方樂廣。』顗曰：『何乃刻畫無鹽，唐突西施也。』」竝作「唐突」。古今圖書集成學行典第二卷學行總部引亦作「唐突」。

柔順之人，緩心寬斷。

案：韓非子亡徵：「緩心而無成，柔茹而寡斷，好惡無決，而無所定立者，可亡也。」

不戒其事之不攝，而以抗爲劌。

案：說文四下刀部：「劌，利傷也。」段玉裁注云：「利傷者，以芒刃傷物。」方言卷三：「凡草木刺人，自關而東或謂之梗，或謂之劌。」又傷害皆謂之「劌」。禮聘義：「君子比德於玉焉，溫潤而澤仁也。縝密以栗知也，廉而不劌，義也。」注：「

劌，傷也。」疏：「言玉體雖有廉稜，而不傷割於物。」考論語八佾：「管氏有三歸。官事不攝，焉得儉。」集解：「包曰，攝，猶兼也。禮，國君事大，官各有人。大夫兼并。今管仲家臣備職，非爲儉。」

是故可與涉難。

案：論語子罕：「可與立，未可與權。」

是故可與保全，難與立節。

案：藍格鈔本「全」作「合」，非是，「保合」義不可通。二字形似因以致誤耳。

注：畏患多忌，何節義之能立。

案：藍格鈔本「畏」作「思」，他本則仍同今本。

不戒其情之固護，而以辨爲僞，彊其專。

案：顧定芳刊本「情」下奪「之」字。案上文「不戒其彊之搪突」、「不戒其事之不攝」、「不戒其勇之毀跌」；下文「不戒其辭之汎濫」、「不戒其交之溷雜」、「不戒其道之隘狹」、「不戒其意之大猥」、「不戒其靜之遲後」、「不戒其實之野直」、「不戒其術之離正」，則此處當有「之」字，句法迺能一律。

不戒其辭之汎濫，而以楷爲繫，遂其流。

案：史記韓非列傳：「汎濫博文，則多而久之。」正義：「汎濫，浮辭也。」又「繫」當作「繫」。說文十三上系部：「繫，繫褫也，一曰惡絮，从系毄聲。」（案繫本作系。段玉裁注云：「六朝以後，舍系不用，而叚繫爲系，遂使繫之本義薶蘊終古。」）

不戒其交之溷雜，而以介爲狷，廣其濁。

案：「狷」亦「介」也。論語子路：「狂者進取，狷者有所不爲也。」集解引包曰：「狂者進取於善道，𤞞者守節無爲。」漢書楊胡朱梅云傳贊：「不得中行，則思狂狷。」師古曰：「狷，介也。」晉書向秀傳：「巢許狷介之士，未達堯心。」蓋「狷」「介」連文者也。案「狷介」謂廉節自守，不苟取與也。

𤞞介之人砭清激濁。

案：說文不錄「𤞞」字。「𤞞」爲「狷」之俗。又「獧」「𤞞」古今字。今論語作「𤞞」，孟子作「獧」。

是故可以進趨，難與持後。

案：列子說符：「壺丘子林曰：『子知持後，則可言持身矣。』列子曰：『願聞持後。』曰：『顧若影則知之。』列子顧而觀影，形枉則影曲，形直則影正。然則枉直隨形而在影，屈申任物而不在我。此之謂持後而處先。」

是故可與讚善，難與矯違。

案：「讃」即「讚」之俗。說文不錄「讃」字，知「賛」即「讚」也。左氏昭元年傳：「天贊之也。」注：「贊，佐助也。」釋文本或作「讚」。案「贊」「讚」古今字。

夫學所以成材也。

案：說苑建本：「子思曰，學所以益才也；礪所以致刃也。』」義與此近。

注：固守性分，聞義不徙。

案：論語述而：「德之不脩，學之不講，聞義不能徙，不善不能改，是吾憂也。」

注：意之所非，不肯是之於人。

案：葉刊評點本「肯」作「肻」，不似壞字，特錄於此。說文無「肯」字，其四下肉部云：「肎，从肉从冎省。」段玉裁注云：「𦙶作肯。」考莊子齊物論：「道隱於小成，言隱於榮華，故有儒墨之是非。以是其所非，而非其所是。欲是其所非，而非其所是，則莫若以明。」

信者逆信，詐者逆詐。

案：論語憲問：「不逆詐，不億不信。抑亦先覺者，是賢乎？」

注：是以宰物者，用人之仁去其貪，用人之智去其詐。

案：禮記禮運：「故用人之知去其詐，用人之勇去其怒，用人之仁去其貪。」鄭注：「用知者之謀，勇者之斷，仁者之施，足以成治矣。詐者害民信，怒者害民命，貪者害民財。三者，亂之原。」劉昞此注本此。

注：然後羣材畢御，而道周萬物也矣。

案：四庫全書本「御」作「集」。考易繫辭傳上：「知周乎萬物，而道濟天下。」

流業第三

有清節家。

案：後漢書蔡茂傳：「並修清節，不仕王莽。」文選陳琳檄吳將校部曲文：「砥礪清節。」

有國體。

案：穀梁傳莊二十四年：「大夫國體也。」注：「國體謂爲君股肱。」案大臣輔佐國君，猶人之有股肱，故稱之。

有器能。

案：藍格鈔本、四庫全書本「噐」皆作「器」。子史精華卷十五、小學紺珠卷三、古今圖書集成學行典第二卷學行總部引亦作「器」。說文三上口部：「器，皿也，象器之口，犬所㠯守之。」玉篇云：「噐，俗器字。」

注：能鍊衆疑。

案：四庫全書本「鍊」作「決」，他本竝同今本。（各本詳前）

注：屬辭比事。

案：禮記經解：「屬辭比事，春秋教也。」鄭注：「屬，猶合也。」

有口辨。

案：子史精華卷十五、小學紺珠卷三引「辨」皆作「辯」。案「辨」又作「辯」。說文四下刀部：「辨，判也」；又十四下辛部：「辯，治也」段玉裁注云：「俗多與辨不別。」考史記陸賈傳：「陸賈者，楚人也，以客從高祖定天下，名爲有口辯士（考證云：藝文類聚引史，無士字，與漢書合），居左右，常使諸侯。」史記淮南傳：「淮南王有女陵，慧有口辯。」皆从言作「辯」。

容止可法。

案：左傳襄三十一年：「容止可觀，作事可法。」

是謂清節之家。

案：長短經卷一品目篇引無「之家」二字。無者恐非。上文「有清節家」「有法家」「有術家」，皆有「家」字，是其證。

延陵、晏嬰是也。

案：「延陵」，吳季札，封於延陵，因號延陵季子。

其術足以謀廟勝。

案：漢書趙充國傳：「非素定廟勝之册。」師古曰：「廟勝，謂謀於廟堂而勝敵也。」

子夏之徒是也。

案：論語子張：「子夏之門人，問交於子張。子張曰：『子夏云何。』對曰：『子夏曰，可者與之，其不可者拒之。』」

法家之流，不能創思遠圖。

案：長短經卷一品目篇引「遠圖」作「圖遠」，非。當乙正。

故雖波流分別，皆爲輕事之材也。

案：「輕」當作「經」。八觀篇云：「智能經事」。宜正之。

注：其用同功。

案：葉刊評點本「其用同功」作「其材同功」。

毛公、貫公是也。

案：毛公有二：一爲毛亨，六國時魯人，或云河間人，作詩訓詁傳，以授毛萇，時人謂亨爲大毛公，萇爲小毛公。毛萇，漢，趙人。案漢書藝文志列毛詩與毛詩故訓傳，而但云毛公之學，不著其名，亦無大小毛公之分。鄭玄詩譜云：「魯人大毛公爲訓詁傳於其家，河間獻王得而獻之，以小毛公爲博士。」陸璣曰：「荀卿授魯國毛亨，毛亨作詁訓傳以授趙國毛萇，時人謂亨爲大毛公，萇爲小毛公。」據此則作傳者毛亨，非毛萇，故孔穎達疏云：「大毛公爲其傳，由小毛公而題毛也。」魯、齊、韓三家之詩久亡，今所傳之毛詩，即漢志之毛詩故訓傳。清儒皮錫瑞詩經通論，頗以毛傳爲不可信，略云：「若毛公爲六國時人，著有毛詩故訓傳，史遷無緣不知；又鄭君始言大小毛公有二；陸璣始著大小毛公之名。鄭漢末人，不應所聞詳於劉、班（劉歆、班固）；陸吳人，不應所聞又詳於鄭玄。」又貫公，漢，趙人，從賈誼受左氏傳訓詁，官至河間獻王博士（詳漢書八十八）。

注：則人主垂拱無爲而理。

案：漢書董仲舒傳：「仲舒對曰：『堯在位七十載，迺遜于位以禪虞舜。堯崩，天下不歸堯子丹朱而歸舜。舜知不可辟，乃即天子之位，以禹爲相，因堯之輔佐，繼其統業，是以垂拱無爲而天下治。』」（考董仲舒對語，蓋本於書武成：「垂拱而天下治。」、論語衞靈公：「子曰，無爲而治者，其舜也與。」）

清節之德，師氏之任也。

案：師氏，官名，周禮地官之屬，掌以媺詔王，以三德三行敎國子。考周禮地官師氏：「師氏，掌以媺詔王，以三德敎國子。一曰至德以爲道本，二曰敏德以爲行本，三曰孝德以知逆惡。敎三行，一曰孝行以親父母，二曰友行以尊賢良，三曰順行以事師長。」

注：掌以道德，敎道冑子。

案：書舜典：「帝曰，夔，命汝典樂，敎冑子。」孔傳：「冑，長也。謂元子以下至卿大夫子弟。」

法家之材，司寇之任也。

案：周禮秋官司寇：「乃立秋官司寇，使帥其屬，而掌邦禁，以佐王刑邦國。」

注：掌以刑法，禁制姦暴。

案：僞古文書周官：「司寇掌邦禁，詰姦慝，刑暴亂。」

術家之材，三孤之任也。

案：三孤，一曰三少，即少師、少傅、少保也。僞古文書周官：「少師、少傅、少保曰三孤。」傳：「此三官名曰三孤。孤，特也，言卑於公，尊於卿，特置此三者。」

三才純備，三公之任也。

案：說苑二臣術篇：「湯問伊尹曰，三公九卿大夫列士，其相去何如？伊尹對曰，三公者知通於大道，應變而不窮辨於萬物之情，通於天道者也。其言足以調陰陽、正四時、節風雨。如是者，舉以爲三公，故三公之事，常在於道也。」（長短經量才篇，亦見此文，乃節引）。考三公之說不一。僞古文書周官：「立太師、太傅、太保，茲惟三公。」注：「師，天子所師法；傅，傅相天子；保，保安天子於德義者，此惟三公之任。」漢書卷十九百官公卿表：「太師、太傅、太保，是爲三公。或說司馬主天，司徒主人，司空主土，是爲三公。」韓詩外傳卷八：「三公者何，曰司空、司馬、司徒也。司馬主天，司空主土，司徒主人。故陰陽不和，四時不節，星辰失度，災變非常，則責之司馬。山陵崩竭，川谷不流，五穀不値，草木不茂，則責之司空。君臣不正，人道不和，國多盜賊，下怨其上，則責之司徒。故三公典其職，憂其分，舉其辯，明其隱，此三公之任也、」後漢書百官志，以太尉、司徒、司空爲三公。案劉邵本文「三材純備」蓋指上文「國體」之材言之。

注：位於三槐，坐而論道。

案：周禮秋官朝士：「朝士，掌建邦外朝之灋，左九棘，孤、卿、大夫位焉，羣士在其後；右九棘，公、侯、伯、子、男位焉，羣吏在其後；面三槐，三公位焉，州長、衆庶在其後。」注：「槐之言懷也，懷來人與此，欲與之謀。」三公坐向之，因轉謂三公也槐位。又周禮冬官考工記：「或坐而論道，或作而行之。」「坐而論道，謂之王公。」

三材而微，冢宰之任也。

案：「冢」字，四庫全書本同，非是，當作「冡」。顧定芳刊本正作「冡」，與說文合（冡，蒙古今字。說文七下冃部：「冡，覆也」段玉裁注曰：「凡蒙覆僮蒙之字，今字皆作蒙」，則與冢，其誼別矣）。案冢宰，周官名，爲百官之長，一稱大宰，後世吏部尚書，亦稱冢宰。考周禮天官序官：「乃立天官冢宰，使帥其屬而掌邦治，以佐王均邦國」；僞古文書周官：「冢宰掌邦治，統百官，均四海。」案劉邵本文「三材而微」，蓋指上文「器能」之材言之。

注：天官之卿，總御百官。

案：僞古文書周官：「冢宰掌邦治，統百官，均四海。」孔傳：「天官卿，稱太宰。

主國政治，統理百官，均平四海之內邦國，言任大。」

伎倆之材，司空之任也。

案：僞古文書周官：「司空，掌邦土，居四民，時地利。」孔傳：「冬官卿，主國空土，以居民士農工商四民，使順天時，分地利，授之土。」

儒學之材，安民之任也。

案：長短經卷一量才篇引「安民」作「保氏」是也。觀上文：「三公之任也」、「冢宰之任也」、「師氏之任也」「司空之任也」；下文：「國史之任也」、「行人之任也」，則此亦屬官名審矣。考周禮地官保氏：「保氏掌諫王惡，而養國子以道，乃敎之六藝，乃敎之六儀。」

注：掌以德毅保安其人。

案：四庫全書本「毅」作「藝」，異於各本。案「德藝」謂道德與才能也。顏氏家訓名實：「德藝周厚。」疑「藝」字是。

注：憲章紀述。

案：禮記中庸：「仲尼祖述堯舜，憲章文武。」

辯給之材，行人之任也。

案：「行人」，官名。周禮秋官之屬，有大行人、小行人之別，掌朝覲聘問之事。周禮秋官行人：「大行人掌大賓之禮及大客之儀，以親諸侯。」「小行人掌邦國賓客之禮籍，以待四方之使者。」論語憲問：「爲命，裨諶草創之，世叔討論之，行人子羽脩飾之。」

注：掌之應荅送迎道路。

案：明刊本「迎」作「迎」非是，多著一撇則不可。他本竝不誤。又「荅」本作「答」，从「竹」，惟唐寫本从「竹」，从「艸」之字，多不別。六朝、唐人俗書如此。

驍雄之材，將帥之任也。

案：「帥」作「師」，六朝俗書如此。考禮記月令：「孟秋之月，天子乃命將帥，選士厲兵。」呂氏春秋卷十二介立（一作立意）：「韓、荆、趙，此三國者之將帥貴人，皆多驕矣。」

官不易方，而太平用成。

案：左傳成十八年：「凡六官之長，皆民譽也。舉不失職，官不易方，爵不踰德，師不陵正，旅不偪師，民無謗言，所以復霸也。」襄九年：「晉君類能而使之，舉不失選，官不易方。」杜注：「方，猶宜也。」

注：譬大匠善規，惟規之用。

案：「規」本作「規」。此作「規」者，从俗體，猶「輻湊」作「輻輳」之比。

注：雖目運規矩，無由成矣。

案：「目運規矩」，「目」字非，字當作「日」，形近致誤。藍格鈔本、四庫全書本正作「日」。當據正。

材理第四

注：材既殊塗。

案：易繫辭傳下：「天下同歸而殊塗，一致而百慮。」

注：言前定則不惑，事前定則不躓。

案：禮記中庸：「凡事豫則立，不豫則廢。言前定則不跆，事前定則不困，行前定則不疚，道前定則不窮。」鄭注：「跆，躓也。」

事有萬端，人情舛駁。

案：莊子天下篇：「惠施多方，其書五車，其道舛駁，其言也不中。」文選左太沖魏都賦李善注引司馬彪莊子注云：「舛，乖也；駮，色雜不同也。」（案駮同駁。考漢書司馬相如傳上：「赤瑕駁犖，雜臿其間。」郭璞曰：「駁犖，采點也。」皆作「駁」，然文選司馬相如上林賦及郭璞注「駁」皆作「駮」，則「駁」「駮」通用明矣。）

注：似是而非。

案：戰國策魏策第一：「幽莠之幼也似禾，驪牛之黃也似虎，白骨疑象，武夫類玉，此皆似之而非者也。」莊子山木：「莊子笑曰，周將處夫材與不材之間。材與不材之間，似之而非也。」

難有六構。

案：「構」作「構」，蓋避宋高宗諱耳。此文凡从「冓聲」字，皆缺末筆作「冓」。下不復一一箸明。各本竝作「構」。

注：彊良競氣。

案：楚辭大招：「四上競氣，極聲變只。」

盈虛損益。

案：易損象辭：「損剛益柔，有時。損益盈虛，與時偕行。」蓋此文所本。

注：與時消息。

案：易豐彖辭：「日中則昃，月盈則食，天地盈虛，與時消息。」

人情樞機，情之理也。

案：國語周語下：「夫耳目，心之樞機也。」注：「樞機，發動也，心有所欲，耳目爲之發動。」易繫辭傳上：「言行，君子之樞機。樞機之發，榮辱之主也。」韓注：「樞機，制動之主。」

能通自然，道理之家也。

案：老子二十五章：「人法地，地法天，天法道，道法自然。」王注：「自然者，無稱之言，窮極之辭也。」

注：容不遲鈍，則其心機速。

案：葉刊評點本「遲」俱作「遟」。案「遟」「遲」，正俗字之異耳。

辯其得失，義禮之家也。

案：「禮」字誤，當作「理」。上文：「理有四部，明有四家」，正作「理」，其證一也。又「道之理也」；「事之理也」；「義之理也」；「情之理也」，皆作「理」，其證二也。又「道理之家也」；「事理之家也」；「義理之家也」與下文「情理之家也」，句法一律，義正相應然。今本作「禮」，或涉上文「禮教宜適」句而誤，或因二字聲同而誤。劉昞本注作「禮」，蓋沿正文而誤。

能適其變，情理之家。

案：兩京遺編本「情」作「性」非是，蓋聯想之誤。注云：「以情爲理，故能極物之變」，足證「情」字不誤。

以性犯明，各有得失。

案：孫曰：「性，當作情。劉注云：『明出於眞，情動於性』，乃總論情與明也。又云：『情勝明則蔽』，正解以情犯明之語。又上文『情有九偏』注云：『以情犯明，得失有九。』即本於此，尤其切證。」所說甚是。

注：明出於眞，情動於性。

案：兩京遺編本「眞」作「貞」。考宋仁宗諱「貞」，此不知是避諱改，抑形近致誤，實不敢妄斷矣。又「性」恐非，當作「中」。詩大序：「情動於中，而形於言。」禮記樂記：「情動於中，故形於聲。」此作「性」者，蓋涉正文「以性犯明」之「性」之誤而譌。

注：故雖得而必喪也。

案：論語衛靈公：「子曰，知及之，仁不能守之。雖得之，必失之。」

注：用意麁粗意不玄微。

案：四部備要本「麁粗」作「麤疏」。「麤」「麁」正俗字。又四庫全書本「粗」作「踈」。說文七上米部：「粗，疏也。」段玉裁注云：「大雅，彼疏斯粺，箋云，疏，麤也，謂糲米也。麤即粗，正與許書互相證。疏者，通也，引伸之，猶大也，故粗米曰疏。按引伸叚借之，凡物不精者，皆謂之粗。」禮記樂記第十九：「朱絃而疏越。」注：「疏音踈。」說文通訓定聲預部亦云：「疏，俗字作踈。」繇是觀之，不改字，其義亦通矣。荀子正名：「愚者之言，芴然而粗。」注：「粗，踈略也。」可爲佐證。

歷纖理，則宕往而疏越。

案：「纖」，本作「纖」，此作「纖」者从其俗。說文十三上糸部：「纖，細也。」段玉裁注：「細者，散也。」文選班孟堅典引：「鋪觀二代洪纖之度。」李善注：「纖，細也。」方言卷二：「纖，小也，自關而西，秦晉之郊，梁益之間，凡物小者，謂之私小，或曰纖。」又「理」者，分理也，條理也。孟子字義疏證卷上：「理者察之而幾微，必區以別之名也，是故謂之分理。在物之質曰肌理，曰腠理，曰文理（亦曰文縷。理、縷，語之轉耳）。得其分，則有條而不紊，謂之條理。許叔重說文解字序曰：『知分理之可相別異也。』」「織理」即「細理」之謂。又說文七下宀部：「宕，過也，从宀碭省聲。」段玉裁注曰：「宕之言蕩也。」說文通訓定聲壯部謂，經傳皆以「蕩」爲之，叚借爲「盪」。元應一切經音義七引通俗文云，迴過曰宕。

抗厲之人，不能迴撓。

案：長短經卷一任長篇引「抗」作「亢」。「亢」與「抗」通。（說見前）

論法直則括處而公正。

案：長短經卷一任長篇引「處」作「據」。考集韻云：「處，人名。齊有梁丘處，通作據。」戰國策齊策：「猿獮猴錯木，據水則不若魚鼈。」注：「據，處也」，是「處」「據」通用之證。

說變通則否戾而不入。

案：「否」，非也，「戾」，乖背也。墨子尚同：「夫建國設都，乃作后王君公，否用泰也。」荀子榮辱：「猶貪而戾。」注：「戾，乖背也。」

注：言不虛徐。

案：詩邶風北風：「其虛其邪，既亟只且。」爾雅釋訓引此詩「邪」作「徐」。文選班固幽通賦：「承靈訓其虛徐兮。」李善注：「曹大家曰：『虛徐，狐疑也。』詩曰：『其虛其徐。』」

指機理，則頴灼而徹盡。

案：「頴」本作「穎」，謂鋒銳也。史記平原君傳：「乃穎脫而出。」正義：「穎，禾穗末也。穎脫而出，言特出衆穗之上，以禾芒喻錐釯。」又「灼」，明也。說文十上火部：「灼，炙也。」又「焯，明也。」凡訓「灼」為「明」者，皆由經傳，叚「灼」為「焯」，即「灼」為「焯」之叚借字也。

則精識而窮理。

案：易說卦傳：「窮理盡性，以至於命。」性銳則窮理。

即大義則恢愕而不周。

案：說文十下心部：「恢，大也。」左傳襄四年：「用不恢于夏家。」注：「羿以好武，雖有夏家，而不能恢大之。」又「愕」，本作「遻」。集韻入聲鐸韻云：「遻，說文相遇驚也，或从心，隸作愕。」

序疏數則豁達而傲愽。

案：「豁」本作「𧯁」。此作「豁」者，从其俗字，與「駮䮄」通作「鵁鶄」，「[illegible]」

通作「鵝」，「鸛」通作「鸛」，「鷻」通作「鷻」，「谿」通作「豀」，「蘓」通作「蘇」類同。說文十一下谷部：「𧮫，通谷也。」段玉裁注云：「引申爲凡疏達之偁。」史記高祖記：「意𧮫如也。」集解引服虔曰：「𧮫，達也。」又說文八上人部：「傲，倨也。」

注：性浮則志微。

案：「微」非，當作「傲」。正文：「𧮫達而傲慱。」下注：「志傲則理疏。」竝其比。宜正之。

立事要則爁炎而不定。

案：「爁炎」，火延上也。淮南子覽冥篇：「火爁炎而不滅。」王念孫雜志云：「炎，當爲焱，字之誤也。爁焱，火延也。」廣韻去聲梵韻：「爁、爁焱，火延。」

趨時務則遲緩而不及。

案：長短經卷一任長篇引「緩」作「後」，恐是臆改。各本竝作「緩」。

擬疑難則濡愞而不盡。

案：管子卷三幼官：「藏溫濡。」注：「濡，古軟字。」又說文十下心部：「愞，駑，弱也。」

好奇之人，橫逸而求異。

案：長短經卷一任長篇引「橫逸」作「橫逆」。非。劉注云：「用意奇特，志不同物」，則「橫逸」是。「逸」與「逆」，形似音近，因以致誤耳。

造權譎，則倜儻而瓌壯。

案：「瓌」同「瑰」（見廣韻上平聲灰韻）。「瓌壯」謂壯麗也。西京雜記卷六：「晉靈公冢，甚瑰壯。」是「瓌」同「瑰」之證。

此所謂性有九偏。

案：「性」乃「情」之誤。上文：「情有九偏。」「九偏之情。」咸其證。

有漫談陳說，似有流行者。

案：下「有」字當作「若」，涉上「有」字而誤。劉注云：「似若可行」，知正文不當作「似有」也。下文云：「有理少多端似若博意者，有迴說合意似若讚解者，有避難不應似若有餘而實不知者」，語例並同。宜正之。

有廻說合意，似若讚解者。

案：「迴」字不見說文，「廻」即「回」之或字。說文六下口部：「回，轉也。」玉篇云：「廻，轉也。」是「回」「廻」通用之證。廣韻上平聲灰韻、去聲夬韻，皆作

「迴」。「迴說」即婉言之謂。又「合意」，今稱當意，是也。又「讚」即「讚」之俗（已詳前）。方言十三云：「讚，解也」注：「讚訟所以解釋理物也。」

似若有餘而實不知者。

案：長短經卷一知人篇引「知」作「解」。緜劉注：「似有所知而不荅者」觀之，作「解」，似與文義不愜，宜从今本作「知」。

注：忘徉不應，似有所知而不荅者。

案：四庫全書本「徉」作「佯」。案「徉」「佯」往往不分。玉篇：「徉，彷徉自得也。」

注：聞言即說。

案：荀子勸學：「小人之學也，入乎耳，出乎口。口耳之間，則四寸耳，曷足以美七尺之軀哉。」可爲本注之註脚。

有因勝情失，窮而稱妙。

案：長短經卷一知人篇引「失」上有「錯」字。中國子學名著集成烏絲蘭鈔本整句引作「有姻勝錯失，窮而稱妙」，「因」作「姻」，脫「情」字。

注：自以爲妙而未盡。

案：文選郭璞江賦：「妙不可盡之於言，事不可窮之於筆。」考郭賦此文亦見於藝文類聚卷八江水篇。文同。

跌則掎蹠。

案：「掎」正字作「掎」。說文十二上手部：「掎，偏引也，从手奇聲。」漢書卷四十五息夫躬傳：「躬掎祿曰。」師古曰：「掎，從後引之也，謂引躡其言也。」又「蹠」當作「摭」。說文十二上手部：「摭，拓或从庶也。」方言卷一：「摭，取也，南楚曰攗，陳、宋之間曰摭。」又說文二下足部：「蹠，楚人謂跳躍曰蹠。」此蓋指牽攄之意，用「蹠」字，則於義不合。案「掎摭」謂摘取之也。考韓愈石鼓歌：「孔子西行不到秦，掎摭星宿遺羲娥。」三國志卷十九魏志陳思王植傳注引典略：「植與楊修書曰，劉季緒才不逮於作者，而好詆呵文章，掎摭利病。」字皆作「掎摭」可證。葉刊評點本正作「摭」，當據正。

注：理已跌矣，而彊牽攄。

案：葉刊評點本、四庫全書本「攄」竝作「據」，蓋俗正字之異耳。

凡此七似，衆人之所惑也。

案：班固幽通賦：「洞參差其紛錯兮，斯衆兆之所惑。」

夫辯有理勝，有辭勝。

案：孔叢子公孫龍：「（平原君）謂公孫龍曰，公無復與孔子高辨事也。其人理勝於辭，公辭勝於理。辭勝於理，終必受詘。」

注：以白馬非白馬，一朝而服千人。

案：孔叢子公孫龍云：「公孫龍者平原君之客也，好刑名，以白馬非白馬。」（案何啓民先生公孫龍與公孫龍子云：「白馬非白馬」、「非白馬之學」者，下「白」字皆涉上「白」字而衍。今本公孫龍子跡府篇引之於「白馬非白馬」處，皆作「白馬非馬」可爲一證。雖此可證孔書之誤，然高誘、劉昞二注，則殊難釋其必然若是。龍乘白馬以度關事，亦見於韓非子、別論、新論。吾人固可謂關禁「馬」不得度，又何嘗不可以謂關禁「白馬」不得度耶？若前說，斯有「白馬非馬」之論；若後者「馬白非白馬」亦至當之說。設去「白」而爲「馬白非馬」，則所重在「白」而非「馬」，義亦難通。而「白馬非白馬」者，視雖無理，亦「馬非馬」同類之辯）。又文選曹植與楊德祖書：「昔田巴毀五帝，罪三王，呰五霸於稷下，一旦而服千人。魯連一說，使終身杜口。」酒劉昞此注所本。

注：及其至關禁錮，直而後過也。

案：桓子新論：「公孫龍，常爭論曰：『白馬非馬。』人不能屈。後乘白馬，無符傳。欲出關，關吏不聽。此虛言難以奪實也。」四庫全書本「禁錮」作「必賦」，異於他本。（各本詳前）

注：意在杓馬，彼俟他日。

案：「杓」字，非。說文六上木部：「杓，枓柄也。」非此文之義。葉刊評點本、四庫全書本竝作「狗馬」。蓋「杓」「狗」形近，因以致誤耳。案下文注云：「彼意在狗，而說以馬」，足證是「狗」字。又本注有誤簡。四庫全書本作「彼意在狗，馬俟他日」，當是也。

傷無聽達則不難也。

案：說文八上人部：「傍，近也，从人旁聲。」案「傷」，隸古定，「傍」，隸變也。

注：彼意大同，而說以小異。

案：莊子天下：「大同而與小同異，此之謂小同異。萬物畢同畢異，此之謂大同異。」

注：以方入圓，理終不可。

案：史記孟荀列傳：「持方枘欲內圜鑿，其能入乎？」（圜，或作圓）。

是說之三失也。

案：此句文意欠明。「不善接論者」有一「失」；「不善喻者」又有一「失」，只列出「二失」，而上下文皆言「三失」，疑有脫文。

注：每得理而止住。

案：葉刊評點本作「每得理而止也」。

不善難者，舍本而理末。

案：說文五下舌部：「舍，市居曰舍。」段玉裁注曰：「舍、捨二字義相同。」又十二上手部：「捨，釋也，从手舍聲。」段玉裁注曰：「釋者，解也。按經傳多叚舍爲之。」考書湯誓：「舍我穡事。」傳：「舍，音捨，廢也。」左氏哀十二年：「乃舍衞侯。」注：「舍，音捨，釋也。」

注：故善攻彊者，避其初鼓也。三鼓氣勝，衰則攻易。

案：左傳莊十年：「春，齊師伐我，公將戰，曹劌請見。……公與之乘，戰于長勺，公將鼓之。劌曰：『未可。』齊人三鼓。劌曰：『可矣。』」又「既克，公問其故。對曰：『夫戰勇氣也。一鼓作氣，再而衰，三而竭。彼竭我盈，故克之。』」劉昞本注出於此。

雖欲顧藉，其勢無由。

案：「顧藉」謂顧惜也。昌黎先生集卷三十二柳子厚墓誌銘云：「勇於爲人，不自貴重顧藉。」

其勢無由，則妄構矣。

案：明刊本「妄」作「⿱亾女」。考說文十二下女部：「妄，亂也，从女亡聲。」案「⿱亾女」隸古定，「妄」隸變也。

注：思心一至，不聞雷霆。

案：文選劉伯倫酒德頌：「靜聽不聞雷霆之聲，熟視不覩泰山之形。」又詩大雅常武：「如雷如霆，徐方震驚。」疏：「如雷之發聲，如霆之奮擊。」

諱不解則怒搆矣。

案：葉刊評點本、四庫全書本「搆」竝作「構」，从木。孟子告子下：「吾聞秦楚搆兵。」从手作「搆」。戰國策卷六秦策云：「秦楚之兵構而不離。」注：「構，連。」作「構」。史記春申君列傳引此文亦从木作「構」。考說文不錄「搆」字。說文通訓定聲需部云：「構字，亦作搆。」焦循孟子正義卷十二告子下亦云：「搆與構通，構連。」集韻去聲宥韻云：「構，說文蓋也，一曰木名，或从手非是。」然平聲侯韻則云：「搆，牽也。」雷浚說文外篇云：「搆是南宋人避諱字，故賈昌朝羣經音辨手部，尙無搆字。」案「構」「搆」，正俗字之異耳。

由此論之，談而定理者𦔮矣。

案：「𦔮」乃「眇」之誤。說文四上目部：「眇，小目也，从目少。」段玉裁注：「各本作一目小也誤，今依釋文正。按眇，訓小目，引伸爲凡小之偁。」

注：故發言盈庭，莫肯執其咎。

案：詩小雅小旻：「發言盈庭，誰敢執其咎。」鄭箋：「謀事者衆，訩訩滿庭，而無敢決當是非。事若不成，誰云已當其咎責者，言小人爭知而讓過。」

注：登高能賦，求物能名。

案：四庫全書本「求物能名」作「作器能銘」，迺據毛傳改（見四庫全書考證）。

注：如顏回聽哭。

案：說苑辨物：「孔子晨立堂上，聞哭者聲音甚悲。孔子援琴而鼓之，其音同也。孔子出，而弟子有叱者。問：『誰也？』曰：『回也。』孔子曰：『回，何爲而叱？』回曰：『今者有哭者，其音甚悲，非獨哭死，又哭生離者。』孔子曰：『何以知之？』回曰：『似完山之鳥。』孔子曰：『何如？』回曰：『完山之鳥生四子，羽翼已成，乃離四海，哀鳴送之。爲是徃而不復返也。』孔子使人問哭者。哭者曰：『父死家貧，賣子以埜之，將與其別也。』孔子曰：『善哉，聖人也！』」

注：蒼舒量象。

案：白氏六帖事類集卷二十九「刻舟以秤」條、古今合璧事類備要卷七十六「蒼舒秤象」條竝云：「魏太祖欲知象輕重，而不可秤。少子蒼舒曰，置象以舟刻其水痕，而以土實，則知其數也。帝悅之。」考蒼舒量象一事竝見於記纂淵海卷九十八引異物志文、錦繡萬花谷後集卷三十九（藝文類聚卷九十五引作「魏太祖欲知其斤重，咸莫能出其理。鄧王沖尚幼，乃曰，置象大舡上，刻其所至秤物以載之知校可知也，太祖大悅」，與各書頗殊，疑是此節之異文）。

思能造端。

案：「造端」者，發端之謂。禮記卷五十二中庸：「君子之道，造端乎夫婦。」又漢書藝文志云：「言感物造耑，材知深美。」師古曰：「耑，古端字也。因物動志，則造辭義之端緒。」

注：子展謀侵晉，乃得諸侯之盟。

案：「子展」，春秋鄭大夫公孫舍之也。左氏襄九年云：「諸侯皆不欲戰，乃許鄭成十一月己亥，同盟于戲鄭服也。將盟鄭六卿，公子騑、公子發、公子嘉、公孫輒、公孫蠆、公孫舍之及其大夫門子皆從鄭伯。晉士莊子爲載書曰，今日既盟之後，鄭國而不唯晉命是聽而或有異志者，有如此盟。公子騑，趨進曰，天禍鄭國使介居二大國之閒，大國不加德音而亂以要之，使其鬼神不獲歆其禋祀，其民人不獲享其土利，夫婦辛苦墊隘無所厎告。自今日既盟之後，鄭國而不唯有禮與彊可以庇民者是從而敢有異志者，亦如之。荀偃曰，改載書。公孫舍之曰，昭大神要言焉，若可改也，大國亦可叛也。」劉昞之意或指此。

明能見機。

案：易繫辭傳下：「幾者動之微，吉之先見者也。君子見幾而作，不俟終日。」

注：臾駢覩目動，即知秦師退。

案：左氏文十二年：「臾駢曰，使者目動而言肆，懼我也，將遁矣。薄諸河必敗之。」杜注：「目動，心不安。」本注出於此。

注：伊藉荅吳王，一拜一起未足爲勞。

案：藉當作籍，荅當作答。本書从竹之字，每改从草。三國志卷三十八蜀書伊籍傳云：「少依邑人鎭南將軍劉表。表卒，遂隨先主南渡江，從入益州。益州既定，以籍爲左將軍從事中郎，遣東使於我，孫權聞其才辯，欲逆折以辭。籍適入拜，權曰：『勞事無道之君乎？』籍即對曰：『一拜一起，未足爲勞。』籍之機捷，類皆如此，權甚異之。」迺此注所本。又「吳王」下當有「曰」字。下注云：「郭淮答魏帝曰」，句法迺一律。

捷能攝失。

案：「攝」，正也。後漢書銚期傳云：「攝幘復戰」注：「攝，猶正也。」

注：郭淮答魏帝曰，自知必免防風之誅。

案：說文六下邑部：「鄋，北方長狄國也。在夏爲防風氏，在殷爲汪芒氏。」文選張平子思玄賦：「疾防風之食言。」李善注：「防風，汪芒氏君之名也。」又述異記引防風氏云：「今吳越間防風廟土木作其形，龍首牛耳，連眉一目。昔禹會塗山，執玉帛者萬國，防風氏後至禹誅之。其長三丈，其頭專車，今南中民有姓防風氏，即其後也，皆長。吳越俗祭防風神奏，防風古樂，截竹長三尺吹之，如嘷三人被髮而舞。」古今圖書集成官常典第一四〇卷勳爵部云：「按路史帝鴻氏生白民，及嘻嘻生季格，季格生帝魁，白民銷姓降居於夷是爲白民之祖，其別爲防風氏，守封禺之間。」考三國志卷二十六魏書郭淮傳云：「黃初元年，奉使賀文帝踐阼，而道路得疾，故計遠近爲稽留。及羣臣歡會，帝正色責之曰：『昔禹會諸侯於塗山，防風後至，便行大戮。今溥天同慶，而卿最留遲，何也？』淮對曰：『臣聞五帝先教導民以德，夏后政衰，始用刑辟。今臣遭唐虞之世，是以自知免於防風之誅也。』帝悅之。」劉昞此注出於此。金樓子捷對篇亦見此文，迺節引。

注：墨子謂楚人，吾弟子已學之於宋。

案：四庫全書本「學」作「待」，迺據墨子改（見四庫全書考證）。又墨子公輸篇：「公輸盤爲楚造雲梯之械，成，將以攻宋。子墨子聞之，起於齊，裂裳裹足，日夜不休，行十日十夜，而至於郢，見公輸盤。……子墨子解帶爲城，以褋爲械，公輸盤九設攻城之機變，子墨子九距之。公輸盤之攻械盡，子墨子之守圉有餘。公輸盤詘。而曰：『吾知所以距子矣，吾不言。』子墨子亦曰：『吾知子之所以距我，吾不言。』楚王問其故。子墨子曰：『公輸子之意，不過欲殺臣，殺臣，宋莫能守，可攻也。然臣之弟子禽滑釐等三百人，已持臣守圉之器，在宋城上，而待楚寇矣。雖殺臣，不能絕也。』楚王曰：『善哉！吾請無攻宋矣。』」劉昞之意，當指此事言之。

注：毛遂進曰，今日從爲楚，不爲趙也，楚王從而謝之。

案：史記平原君傳云：「毛遂按劍而前曰：『以楚之彊，天下弗能當，白起小豎子耳。率數萬之衆，興師以與楚戰，一戰而舉鄢、郢，再戰而燒夷陵，三戰而辱王之先人。

此百世之怨，而趙之所羞，而王弗知惡焉。合從者爲楚，非爲趙也。吾君在前，叱者何也。』楚王曰：『唯唯，誠若先生之言，謹奉社稷而以從。』」本注出於此。

奪能易與。

案：荀子正名：「易者，以一易一。」注：「謂以物相易。」

注：以子之矛，易子之盾，則物主辭窮。

案：四庫全書本「易」作「掩」。案正文「奪能易予」，則似當是「易」字。考韓非子難一：「楚人有鬻楯與矛者。譽之曰：『吾楯之堅，物莫能陷也。』又譽其矛曰：『吾矛之利，於物無不陷也。』或曰：『以子之矛，陷子之楯，何如？』其人弗能應也。」蓋此注所本。

是故聰能聽序，謂之名物之材。

案：周禮天官庖人：「掌共六畜、六獸、六禽，辨其名物。」

明能見機，謂之達識之材。

案：「機」，字亦作「幾」。「見幾」謂明察事於微也。易繫辭傳下：「知幾其神乎。幾者，動之微，吉之先見者也。君子見幾而作，不俟終日。」疏：「言君子既見事之幾微，則須動作而應之，不得待終其日，言赴幾之速也。」今對禍福利害，能先見以爲趨避者，即謂之「見機」。又「達」本作「達」。說文二下辵部：「達，从辵羍聲。」「達」即其俗。案「達識」者，迺謂通曉事理也。

守能待攻，謂之持論之材。

注：恒懷謙下。

案：「持論」即謂自持其見解，發而爲言論者也。漢書卷六十四上嚴助傳：「朔，皐不根持論，上頗俳優畜之。」師古曰：「論議委隨，不能持正，如樹木之無根柢也。」

案：莊子天下：「以濡弱謙下爲表。」

注：常懷退後故在物上。

案：藍格鈔本、葉刊評點本「物上」俱作「物先」。四庫全書本亦作「物先」。案文子道原篇：「以退取先。」注：「自後而人先也。」上句「不以尚人」，故注云：「故處物上」，則此注必是「物先」，不然便與上注複矣。

注：已有武力，不與虓虎之倫。

案：詩大雅常武：「進厥虎臣，闞如虓虎。」傳：「虎之自怒虓然。」後漢書馮緄傳：「闞如虓虎。」注：「虓虎，怒聲也。」文選揚雄羽獵賦：「虓虎之陳，從橫膠輵。」李善注：「毛詩曰，噉如虓虎，拉風聲也。翰曰，虓虎，勇健貌。言勇健之夫，結陳交錯，如風雷之威也。」

注：通材平釋，信而後諫。

案：論語子張：「子夏曰：『君子信而後勞其民。未信則以爲厲己也。信而後諫，未信則以爲謗己也。』」

注：雖觸龍鱗，物無害者。

案：韓非子說難：「夫龍之爲蟲也，可柔狎而騎也；然其喉下有逆鱗徑尺。若人有嬰之者，則必殺人。人主亦有逆鱗，說者能無嬰人主之逆鱗，則幾矣。」

采蟲聲之善音。

案：「采」，取也。說文六上采部：「采，捋取也。」段玉裁注：「采、捋同訓也。俗字手采作採，五采作彩，皆非古也。」

注：不以人愚，廢其嘉言。

案：論語衞靈公：「君子不以言舉人，不以人廢言。」

心平志諭，無適無莫。

案：論語里仁：「無適也，無莫也，義之與比。」疏：「適，厚也。莫，薄也。」謂心平志明，無擇於富厚與窮薄，期於得道而已矣。

注：付是非於道理，不貪勝於求名。

案：「貪」即「貪」之俗。說文六下貝部：「貪，欲物也，从貝今聲。」又兩京遺編本「於求名」作「以求名」。「於」「以」一聲之轉，此作「於」「以」，於義竝可通。

注：曠然無懷，委之自當。

案：兩京遺編本「曠」作「曠」非是，多著一橫，遂不成字矣。

四、人物志　卷中

材能第五

注：材能大小，其準不同，量力而授，所任乃濟。

案：素書求人之志章曰：「應變之謂材，可用之謂能。材者任之而不可使，能者使之而不可任，此用人之術也。」又四庫全書本「量力而授」作「量力而任」，異於他本。

猶凾牛之鼎，不可以烹雞。

案：「凾」當作「函」。說文不錄「凾」字，本作「**圅**」，則「凾」，後起字也。說文七上口部：「**圅**，舌也，舌體㔾㔾从㔾，象形，㔾亦聲。」又「肣，俗**圅**，从肉今。」葉刊評點本、四庫全書本竝作「函」，是也。案函牛之鼎，意謂受一牛之大鼎也。淮南子詮言篇：「夫函牛之鼎沸，而蠅蚋弗敢入。」注：「函牛，受一牛之鼎也。」後漢書卷五十七劉陶傳：「其危猶舉函牛之鼎，絓纖枯之末。」注：「函牛之鼎，謂大鼎也。」考後漢書文苑列傳第七十下邊讓傳蔡邕薦邊讓於何進書云：「傳曰：『函牛之鼎以烹雞，多汁則淡而不可食，少汁則熬而不可熟。』此言大器之於小用，固有所不宜也。」「不可以烹雞」作「以烹雞」。呂氏春秋卷十八應言篇云：「市丘之鼎以烹雞，多洎之則淡而不可食，少洎之則焦而不熟。」亦作「以烹雞」，惟史記孟荀列傳：「儻亦有牛鼎之意乎。」索隱引呂氏春秋云：「函牛之鼎，不可以烹雞。」與今本合，是所據呂覽有二本也。

注：急切則煩碎，事不成。

案：論語子路：「名不正則言不順，言不順則事不成，事不成則禮樂不興。」

急小之人，宜理百里，使事辦於已。

案：「百里」者，指一縣之地，轉以稱縣宰，所謂百里才、百里任是也。後漢書卷七十六仇覽傳：「王渙曰：『枳棘非鸞鳳所棲，百里豈大賢之路？』」注：「時渙爲縣令，故自稱百里也。」

注：明能治大郡，則能治小郡。

案：「則」下脫「亦」字。下正文云：「故能治大郡，則亦能治小郡矣。」可證。

注：仲尼豈不爲季氏臣。

案：史記孔子世家：「孔子貧且賤，及長，嘗爲季氏史，料量平。」

注：鼎能烹牛，亦能烹雞；銚能烹雞，亦能烹犢。

案：「銚能烹雞，亦能烹犢」，其說甚謬。說文十四上金部：「銚，盄器也。」段玉裁注云：「今煮物瓦器，謂之銚子。」案「銚子」，小釜也。新方言釋器云：「今淮南謂小釜爲銚子。」豈有以小釜烹犢者乎？四庫全書本「亦」作「不」，是也，當據正本注。

注：脩己潔身，總禦百官。

案：「禦」當作「御」，字之誤也。流業篇：「冢宰之任也」注云：「天官之卿，總御百官。」可證。若作「禦」，與文義不愜。

有行事使人譴讓之能。

案：「譴讓」即責讓也。漢書卷七十四魏相丙吉傳：「御史大夫卒遽不能詳知，以得譴讓。」師古注曰：「讓，責也。」三國志吳書顧雍傳：「皆見舉白，用被譴讓。」

有司察糾摘之能。

案：「司察」，謂伺候督察也。後漢書卷一上光武紀上：「於是置僚屬作文移，從事司察，一如舊章。」注：「主督促文書，察舉非法。」又「糾」，告也。玉篇云：「糾，亦作斣字。」說文不錄「斛」、「斣」字。集韻上聲厚韻云：「斣，字林斣斣奪取物。」又「擿」，發也。經籍纂詁入聲錫韻：「擿，猶發也。」北史王劭傳：「指擿經史謬誤。」案「斛擿」，亦即告發之謂。

大權奇之能。

注：猛毅昭著，振威敵國。

案：漢書卷二十二禮樂志：「志俶儻，精權奇。」補注：「權奇者，奇譎非常之意。」

案：大戴禮記文王官人：「猛毅而獨斷者，使是治軍事爲邊境。」

注：其身正。

案：論語子路：「其身正，不令而行；其身不正，雖令不從。」

注：故掌天官而總百揆。

案：書舜典：「納于百揆，百揆時敘。」傳：「揆，度也，度百事，摠百官。」後漢書百官志，太尉，公一人，注云：「百揆堯初別置，於周更名冢宰。」

立法之能，治家之材也。

案：「治家」是「法家」之誤。流業篇云：「建法立制，彊國富人，是謂法家。管仲、商鞅是也。」是其證。二字形近因以致誤耳。

注：故掌秋官而詰姦暴。

案：僞古文書周官：「司寇掌邦禁，詰姦慝，刑暴亂。」

爲國則督責之政。

案：史記李斯列傳：「夫賢主者，必且能全道，而行督責之術者也。督責之，則臣不敢不竭能以徇其主矣。」索隱：「督者察也。察其罪，責之以刑罰也。」

爲國則藝事之政。

案：僞古文書胤征：「官師相規，工執藝事以諫。」孔傳：「百工各執其所治技藝以諫。」

注：技能巧，故任冬官而成藝事。

案：四庫全書本「技能巧」作「技倆巧」。案正文「權奇之能，技倆之材也」觀之，則此當作「倆」爲是，或「技能」又爲熟語，因而致誤也。當據正。又顧定芳刊本「故任冬官」作「故仕冬官」，誤，當以作「任」爲是。

注：體果毅。

案：左傳宣二年：「殺敵爲果，致果爲毅。」

凡偏材之人，皆一味之美。

案：中論治學：「嘉膳之和，非取呼一味；聖人之德，非取乎一道。」

何者，夫一官之任，以一味協五味。

案：四庫全書本「恊」作「協」。考說文十三下十部：「協，同衆之龢也，从劦十。」段玉裁注：「各本作衆之和同，非是，今正。同衆之和，一如同力。」又「恊，同心之龢也，从劦心。」段玉裁注：「同心一如同力，故从力心，會意。」說文通訓定聲謙部云：「恊，同心之和也，从力从心，會意，劦亦聲。」案「恊」字，經典或作「協」，从劦从十。「協」行而「恊」遂廢而不用。

注：鹽人調鹽，醯人調醯，則五味成矣。

案：藍格鈔本「調醯」作「調酢」。案「醯」即「酢」也。禮記內則：「和用醯。」釋文：「醯，酢也。」論語公冶長：「或乞醯焉。」皇疏：「醯，酢酒也。」考周禮天官鹽人：「鹽人掌鹽之政令，以共百事之鹽。」醯人：「醯人掌共五齊七菹。」

注：譬梓里治材，土官治墻。

案：「梓里」，恐是「梓材」之訛。書梓材：「若作室家，既勤垣墉，惟其塗塈茨；若作梓材，既勤樸斲，惟其塗丹雘。」蓋劉昞所本。

一國之政，以一味和五味。

案：淮南子原道篇：「無味而五味形焉。」又「味之和不過五。」注：「甘、酸、鹹、辛、苦也。」

注：水以無味，故五味得其和。

案：淮南子兵略訓：「水不與於五味，而爲五味調。」

又國有俗化，民有劇易。

案：葉刊評點本、四庫全書本，正文「劇」，注文「劇」皆作「劇」。「劇」「劇」，皆「劇」之俗。案「劇易」謂難與易也。後漢書章帝紀：「欲親知其劇易。」三國志吳志呂蒙傳：「孤謂不辭劇易，果敢有膽而已。」

注：五方不同，風俗各異。

案：禮記王制：「凡居民材，必因天地寒煖燥濕，廣谷大川異制，民生其間者異俗。」

注：易簡而天下之理得矣。

案：易繫辭傳上：「乾以易知，坤以簡能。易則易知，簡則易從。易知則有親，易從則有功。有親則可久，有功則可大。可久則賢人之德，可大則賢人之業。易簡而天下之理得矣，天下之理得，而成位乎其中矣。」蓋劉昞所本。

注：網踈而呑舟之姦漏。

案：「呑舟」謂大魚能呑舟，喻執法之寬也。史記卷一百二十二酷史傳序云：「網漏於呑舟之魚，而吏治烝烝，不至於姦。」正義：「法令疏。」晉書卷五十三顧和傳：「導問和，卿何所聞，答曰，明公作輔，寧使網漏呑舟，何緣採聽風聞，以察察爲政。」

矯抗之政，宜於治侈。

案：長短經卷一任長篇引「抗」作「亢」。「矯抗」同「矯亢」。說見前。江文通雜體詩序：「及公幹仲宣之論家有曲直，安仁士衡之評，人立矯抗，況復殊於此者乎。」

注：矯枉過正。

案：漢書卷九十七下外戚孝成許皇后傳：「蓋矯枉者過直，古今同之。」師古曰：「矯，正也，枉，曲也。言意在正曲，遂過於直。」後漢書卷二十二朱祐等傳論：「故光武鑒前事之違，存矯枉之志」注：「矯，正也，枉，曲也。孟子曰：『矯枉者過其正。』」

注：苟合而已。

案：論語子路：「故君子名之必可言也，言之必可行也。君子於其言，無所苟而已矣。」又「子謂衞公子荊：『善居室。始有曰苟合矣；少有曰苟完矣；富有曰苟美矣。』」

以之治邊則失衆。

案：長短經卷一任長篇引「失」下有「其」字，疑此脫。

注：衆民憚法，易逃叛矣。

案：葉刊評點本、梁夢龍刊本「逃」俱作「迯」。「逃」「迯」正俗字。

注：以國彊民以使。

案：本注於義不完，句末必有敚文。考四庫全書本「以使」下，有「富饒」二字，當據之以補本注之缺。

以之治貧，則勞而不困。

案：「不困」非是，勞，豈有不困者乎？各本正作「下困」。又觀利害篇：「其敝也，民勞而下困」注：「上不端而下困」，亦竝作「下困」。「不」「下」形似，因以致誤耳。宜正之。

故量能授官。

案：荀子君道：「論德而定次，量能而授官，皆使其人載其事，而各得其所宜。」

至於國體之人，能言能行，或爲衆材之雋也。

案：穀梁傳莊二十四年：「大夫，國體也。」注：「國體，謂爲君股肱。」又說文通訓定聲乾部：「雋，叚借爲俊。」正字通亦云：「雋，音俊，雋異也，與俊、儁通。」漢書禮樂志：「至武帝即位，進用英雋。」

注：竭力致功，以取爵位。

案：禮記燕義：「臣下竭力盡能，以立功於國，君必報之以爵祿。」

君以用人爲能。

案：長短經卷一大體篇引「用」上有「能」字，非是。此與上文：「臣以自任爲能」，句法一律，且「君」與「臣」，「用人」與「自任」，正相應然，若從長短經引，則失其例矣。

注：任賢使能，國家自理。

案：漢書元帝紀：「永光元年三月，詔曰：『五帝三王任賢使能，以至登平。』」

注：聽言觀行，而授其官。

案：論語公冶長：「子曰，始吾於人也，聽其言而信其行；今吾於人也，聽其言而觀其行，於予與改是。」

所能不同，故能君衆材也。

案：長短經卷一大體篇引作「所以不同，故能君衆能也。」

注：代打匠斲。

案：老子七十四章：「夫代司殺者殺，是謂代大匠斲。夫代大匠斲者，希有不傷其手矣。」

利害第六

蓋人業之流，各有利害。

案：「人業之流」當作「人流之業」。流業篇云：「蓋人流之業，十有二焉」是其證。

夫節清之業，著于儀容，發於德行。

案：「節清」當作「清節」。流業篇云：「有清節家」；又云：「若夫德行高妙，容料可法，是謂清節之家」；「清節之流，不能弘恕」；又云：「清節之德，師氏之任也。」材能篇云：「是故自任之能，清節之材也。」接識篇云：「夫清節之人，以正直爲度。」並其證，當乙正。又四庫全書本「于」作「於」。「于」「於」古通。瑞典漢學家高本漢，「左傳眞僞考」一文，有極精闢之討論。

注：心清意正，則德容外著。

案：四庫全書本「德容」作「德儀」，他本則竝同今本。考禮記樂記：「故德煇動於內，而民莫不承聽。」鄭注：「德煇，顏色潤澤也。」

其功足以激濁揚清

案：「激濁」謂急流蕩去汙濁也。「揚清」謂顯揚純潔也。尸子曰：「水有四德，沐浴群生，通流萬物，仁也；揚清激濁，蕩去滓穢，義也。」

其道前苦而後治。

案：韓非子六反：「故法之爲道，前苦而長利；仁之爲道，偷樂而後窮。」

注：是以商君車裂，吳起支解。

案：顧定芳刊本「商」作「啇」。說文不見「啇」字。考廣韻入聲錫韻：「啇，本也。」洪武正韻入聲陌韻：「廣韻本也。木根、果蔕、獸蹄，皆曰啇，與商字不同。」焦氏筆乘續卷五，三啇條云：「士昏禮，漏下三啇爲昏，啇，音滴，與夏商之商不同。」又續卷六言俗書之誤云：「商字作啇，不知啇乃音滴。字學掃地矣。」考韓非子姦劫弑臣篇：「此商君所以車裂於秦，而吳起之所以枝解於秦者也。」迺此注所本。案商君車裂，吳起支解史實，諸書所載不一：史記商君傳：「秦孝公卒，太子立，公子虔之徒，告商君欲反。秦發兵攻商君，殺之於鄭黽池。秦惠王車裂商君以徇曰，莫如商鞅反者，遂滅商君之家。」是商鞅車裂之證。墨子親士篇：「吳起之裂，其事也。」淮南子主術篇：「吳起張儀智不若孔、墨，而爭萬乘之君，此其所以車裂、支解也。」

是吳起車裂之證。淮南子繆稱篇：「故商鞅立法而支解，吳起刻削而車裂。」韓詩外傳卷一引同，是商鞅支解，吳起車裂之證。史記蔡澤傳：「吳起定楚國之政，兵震天下，威服諸侯，功已成矣，而卒枝解（案史記吳起傳云，吳起以射死。考證引梁玉繩曰，此言支解，仍秦策之誤）。」韓非子難言篇、和氏篇、姦劫弑臣篇皆言：「吳起枝解於楚。」問田篇引與難言篇等同，惟「枝」作「支」。「枝」「支」同。考釋名云：「車裂曰轘。轘、散也，肢體分散也。」是吳起受轘死，各國名刑不同，諸書亦因而稱之耳。

術家之業，出於聰思，待於謀得而章。

案：四庫全書本「聰思」作「聰明。」

其用也爲明主之所珎。

案：葉刊評點本、四庫全書本「珎」竝作「珍」。古今圖書集成人事典第八十二卷利害部引亦作「珍」。玉篇卷一：「珎，俗珍字」，然集韻平聲眞韻則云：「珍，知鄰切，說文寶也，或从金。俗作珎，非是。」考說苑辨物：「分同姓以珎玉，展親也；分別姓以遠方職貢，使無忘服也。」史記孔子世家：「分同姓以珍玉，展親；分異姓以遠方職，使無忘服。」足證「珎」字，即「珍」字矣。

其退也，藏於隱微。

案：文選司馬長卿上書諫獵：「蓋聞明者遠見於未萌，而智者避危於无形。禍固多藏於隱微，而發於人所忽者也。」

其功足以讚明計慮。

案：「計慮」與計略同，即謀慮也。漢書卷六十七梅福傳：「福復上書曰：『故淮南王緣間而起。所以計慮不成而謀議泄者，以衆賢聚于本朝，故其大臣勢陵，不敢和從也。』」

其儆也，知進而不退。

案：易乾文言傳：「亢之爲言也，知進而不知退；知存而不知亡，知得而不知喪。」

注：清而混雜，砭去纖芥。

案：「清而混雜」，義不可通。四庫全書本作「清而不離」，改「混」爲「不」，正得其字。又「砭」恐非，疑是「貶」之誤。考文選潘元茂九錫文：「纖毫之惡，靡不抑退。」李善注引李咸奏曰：「春秋之義，貶纖介之惡，采毫毛之善。」後漢書方術傳下（董扶）：「（秦）宓曰：『董扶，褒秋毫之善，貶纖介之惡。』」（芥竝作介）正作「貶」，竝其比。

注：清潔不汙，在幽而明。

案：春秋繁露執贄：「君子比之玉，玉[illegible]而不汚，是仁而至清潔也。廉而不殺，是義而不害也。」又顧定芳刊本「明」作「朗」。「明」「朗」義相因。

注：理清道潔，是非不亂。

案：明刻本「亂」作「辭」，與各本異。

其爲業也，峭而不裕。

案：「裕」當作「裕」，奪一點則不可。說文八上衣部：「裕，从衣谷聲，衣物饒也。」段玉裁注云：「引伸爲凡寬足之稱。」當據正。

已達也，爲官司之所任。

案：左氏定四年：「官司彝器。」注：「官司，百官也。」此文亦見漢書王莽傳上，師古注，與此注同。

注：上不端而下困。

案：顧定芳刊本「上不端」作「上多端。」此注作「多」是也，「不」字大謬。

注：道不平弘，其能大乎？

案：明刻本「大」作「太」，葉刊評點本則作「泰」。考說文十下段玉裁注「大」云：

「老子曰，道大，天大，地大，人亦大。人法地，地法天，天法道。按天之从一大，則先造大字也。」又說文十一上三大部：「夳，古文泰如此。」段玉裁注云：「後世凡言大，而以爲形容未盡則作太。如：大宰俗作太宰；大子俗作太子；周大王，俗作太王是也。謂太即說文夳字，夳即泰，則又用泰爲太，展輾貤繆，莫能諟正。」集韻去聲夳韻云：「夳，說文滑也。一曰太也，通也，或者亦作大、泰。」則「大」、「太」、「泰」皆不誤。

接識第七

注：貌厚情深，難得知也。

案：莊子列禦寇：「孔子曰，凡人心險於山川，難於知天；天猶有春秋冬夏旦暮之期，人者厚貌深情。」

清節之人，以正直爲度。

案：長短經卷一知人篇引「正直」作「貞正」。劉注云：「度在正直」，則「貞正」恐非。

故能識較方直之量。

案：「較」字，衍。下文云：「故能成策略之奇。」「故能識方略之規。」「故能識韜諝之權。」竝其比。若多著「較」字，則失其例矣。宜刪之。

注：謂法分，足以濟業，何以術謀爲也。

案：藍格鈔本句末「也」字脫。案上文注：「謂守正，足以致治，何以法術爲也」；下文注：「謂司謨，足以化民，何以法制爲也」、「謂方計，足以立功，何以制度爲也」，竝有「也」字，此不當獨異，有者是也。

故能成策略之奇，而不識遵法之良。

案：長短經卷一知人篇引「成」作「識」，「不識」作「或失」。

注：謂司謨，足以化民，何以法制爲也？

案：梁夢龍刊本、藍格鈔本「司」竝作「思」。四庫全書本亦作「思」。案上文「以思謨爲度」，注云：「度在思謀」，則此注「司」之當作「思」，明矣。「思」作「司」，音之誤，當據正。

言語之人，以辨析爲度，故能識捷給之惠。

案：孔叢子公孫龍：「公孫龍言臧之三耳，甚辨析。」又「捷給」謂言辭敏捷，應對不窮也。管子卷七大臣：「聰明捷給，可令為東國。」史記張釋之傳：「豈學此嗇夫諜諜，利口捷給哉。」

而不知含章之美。

案：「章」當作「章」。「含章」謂含美於內也。易坤六三象辭：「含章可貞」疏：「內含章美之道」。

注：謂辨論事乃理。

案：本注有錯簡。繇上注「謂譴訶乃成教。」觀之，則此注之當作「謂辨論乃事理。」審矣。宜乙正。

取其同體也，則接論而相得。

案：「接論」同「接洽」。說文三上言部：「論，諧也。」玉篇卷九言部亦云：「論，諧也。」朱駿聲臨部云：「論，諧也。凡和協字，經傳皆以合以洽為之。」古今圖書集成學行典第一二八卷觀人部引正作「洽」。梁夢龍刊本、四部叢刊本「論」俱作「論」，形近而誤。

注：故同體則親，異體則踈。

案：莊子在宥：「世俗之人，皆喜人之同乎己，而惡人之異於己也。」

注：察其所以。

案：論語爲政：「子曰，視其所以，觀其所由，察其所安，人焉廋哉，人焉廋哉。」「視其所以」一語，蓋劉昞此注所本。「以」，用也，言察其所行用也。謂若欲知彼人行，當察其所行用之事也。

欲觀其一隅。

案：論語述而：「舉一隅，不以三隅反。」「一隅」，本指物四隅之一，後用爲偏於一方面之詞。

注：在上者兼明八材，然後乃能盡其所進，用而無疑矣。

案：顧定芳刊本句末「矣」字作「失」，非是。「矣」「失」，形近因以致誤耳。考楚辭離騷：「說操築於傅巖兮，武丁用而不疑。」

而與之言乎。

案：論語衞靈公：「可與言而不與言，失人；不可與言而與之言，失言。知者不失人，亦不失言。」

如是兼也。

案：「是」下脫「者」字。下文云：「如是者偏也」，正相對成文。當據補。

注：言不容口。

案：漢書爰盎傳：「刺者至關中，問盎，稱之皆不容口。」師古曰：「稱美其德，口不能容也。」

是故以深說淺，益深益異。

案：史記樂書：「人道益深，其德益至，所樂益異。」

注：是以商君說帝王之道不入，則以彊兵之義示之。

案：史記卷六十八商君傳云：「景監以讓衞鞅。衞鞅曰，吾說公以帝道，其志不開悟矣。後五日，復求見鞅。……景監亦讓鞅。鞅曰，吾說公以王道，而未入也。……衞鞅復見孝公。公與語，不自知厀之前於席也。語數日不厭。景監曰，子何以中吾君，吾君之驩甚也。鞅曰，……故吾以彊國之術說君，君大說之耳。」本注出於此。

異則相返，反則相非。

案：「返」字，葉刊評點本作「反」，是也。案下「反」字，承上文。二「反」字，必不可不同。古今圖書集成學行典第一二八卷觀人部引不誤。

注：聞深則心銜焉。

案：四庫全書本「心銜焉」作「相銜焉」。

注：是以李充塞□而不聽藴秦之說。

案：今本「塞下」缺文，藍格鈔本、葉刊評點本皆作「耳」字，四庫全書本同。案有「耳」者是，塞耳所以止聽也。又梁夢龍刊本、四部叢刊本「藴」竝作「蘇」。「蘇」同「藴」（說已見前）。

言稱一善，則以爲不薄。

案：葉刊評點本、四庫全書本「薄」俱作「博」。案本文注云：「疑其陋狹」，「不薄」、「陋狹」二義相反，故知是「博」字。

注：弟兄忿肆，爲陳管蔡之事。

案：史記管蔡世家：「管叔鮮、蔡叔度者，周文王子，而武王弟也。……武王既崩，成王少，周公旦專王室。管叔、蔡叔疑周公之爲，不利於成王，乃挾武庚以作亂。周公旦承成王命，伐誅武庚，殺管叔而放蔡叔，遷之與車十乘，徒七十人。」

注：欲人同己。

案：莊子在宥：「世俗之人，皆喜人之同乎己，而惡人之異於己也。同於己而欲之，異於己而不欲者，以出乎衆爲心也。」

英雄第八

夫草之精秀者爲英，獸之特群者爲雄。

案：太平御覽九百九十四引作「草之將精者爲英，獸之將羣者爲雄。」二「將」字，疑皆「特」之誤。

則牙則須。

案：葉刊評點本「牙」作「𤘊」，四庫全書本則作「𤘊」。案「𤘊」即「互」字之形誤。今本作「牙」，於義無取。又「則互則須」疑作「則互相須」，謂相待而成也。

是故英以其聰謀始，以其明見機。

案：易訟象辭：「君子以作事謀始。」又「見機」即「見幾」。易繫辭傳下：「知幾其神乎？君子上交不諂，下交不瀆，其知幾乎？幾者動之微，吉之先見者也。君子見幾而作，不俟終日。」疏：「言君子既見事之幾微，則須動作而應之，不得待終其日，言赴幾之速也。」今對於禍福利害，能先見以爲趨避者，謂之見機。

注：智以制宜，巧乃可成。

案：藍格鈔本「巧」作「功」。案「功」是也。「功」「巧」，因形近而誤。當據正。

若聰能謀始，而明不見機，乃可以坐論，而不可以處事。

案：此文不當有「乃」字，蓋涉上文「然後乃能各濟其所長也」而衍。下文云：「聰能謀始，明能見機，可以循常，而不可以慮變」與此相對。長短經卷一量才篇引亦無「乃」字。

注：智能坐論。

案：周禮冬官考工記：「或坐而論道，或作而行之。」

聰能謀始，明能見機。

案：長短經卷一量才篇句頭上有「若」字，非。有「若」字者迺涉上文「若，聰能謀始」而衍。本文正與下文「力能過人，勇能行之」相對。劉卲誤二句爲一耳。

可以爲力人，未可以爲先登。

案：本文注：「何先鋒之能爲」，「先鋒」二字正「先登」之確詁。左氏隱十一年：「潁考叔，取鄭伯之旗蝥孤以先登。」史記樊噲傳：「攻城先登，斬首二十三級。」考「登」字本作「𤼷」。說文五上豆部云：「登，禮器也，从廾持肉在豆上，讀若鐙同。」羣經正字云：「按此字，近代字書作登，蓋起於集韻，今經典作登。」集韻平聲登韻：「𢍃，說文，禮器也，从廾持肉在豆上，或作登、甑，通作鐙。」四庫全書本作「登」，淵鑑類函二八三引亦作「登」。

注：臨事無謀。

案：論語述而：「暴虎馮河，死而無悔者，吾不與也。必也臨事而懼，好謀而成者也。」

然後可以爲英。

案：長短經卷一量才篇引「可」上有「乃」字。

乃可以爲雄。

案：長短經卷一量才篇引句頭上有「然後」二字，如此則與上文句法一律，今本奪。

若一人之身兼有英雄，則能長世。

案：左傳襄三十一年：「故能有其國家，令聞長世。」

故項羽氣力蓋世。

案：史記項羽本紀：「項王乃悲歌忼慨，自爲詩曰，力拔山兮氣蓋世。」

注：膽烈無前，濟江焚糧。

案：藍格鈔本「糧」作「粮」。「粮」即「糧」之或字。考史記項羽本紀：「陳餘復請兵項羽，乃悉引兵渡河，皆沈船，破釜甑，燒廬舍，持三日糧，以示士卒必死，無一還心。」疑爲劉昞此注所本。

而不能聽采奇異，有一范增不用。

案：史記項羽本紀：「項王乃疑范增與漢有私，稍奪之權。范增大怒曰：『天下事大定矣。君王自爲之。願賜骸骨歸卒伍。』項王許之。行未至彭城，疽發背而死。」漢書高帝紀下：「上曰：『項羽有一范增而不能用，此所以爲我禽也。』」迺劉邵此文所本。三國志劉表傳評曰：「昔項羽背范增之謀，以喪其王業。」

是以陳平之徒，皆亡歸高祖。

案：史記陳丞相世家：「項羽略地至河上，陳平往歸之，從入破秦，賜平爵卿。項羽之東王彭城也，漢王還定三秦而東，殷王反楚。項王乃以平爲信武君，將魏王咎客在楚者，以往擊，降殷王而還。項王使項悍拜平爲都尉，賜金二十溢。居無何，漢王攻下殷王。項王怒，將誅定殷者將吏。陳平懼誅，乃封其金與印，使使歸項王，而平身閒行杖劍亡。……平遂至修武降漢。」

英材歸之，兩得其用。

案：御定子史精華卷十五引「材」作「才」。「材」與「才」通。論語子路：「舉賢才」；漢書平帝紀：「舉賢材」，即其比。

注：內無主於中，外物何由入。

案：莊子天運：「由中出者，不受於外，聖人不出。由外入者，無主於中，聖人不隱。」

能役英與雄，故能成大業也。

案：漢書酈陸朱劉叔孫傳贊：「高祖以征伐定天下，而縉紳之徒，騁其知辯，並成大業。」

八觀第九

注：或慈欲濟恤，而恡奪某人。

案：「某人」，義不可通。四庫全書本作「其仁」，是，當據正。又下文「慈而不仁者，則恡奪之也。」下注：「或畏恡奪慈仁。」皆其明證。考禮記仲尼燕居：「子曰，給奪慈仁。」鄭注：「奪，猶亂也。」

注：或救濟廣厚，而乞醯爲惠。

案：論語公冶長：「孰謂微生高直，或乞醯焉，乞諸其鄰，而與之。」

三曰，觀其志質，以知其名。

案：「志」當作「至」，形聲相涉，因以致誤耳。下文「何謂觀其至質，以知其名。」「至質相發，而令名生矣。」竝其證。又下文「觀其所至之多少，而異名之所生可知也。」尤爲明證。

四曰，觀其所由。

案：論語爲政：「視其所以，觀其所由，察其所安，人焉廋哉，人焉廋哉。」集解：「由，經也。言觀其所經從。」

注：依訐似直。

案：論語陽貨：「惡訐以爲直者。」集解：「包曰，訐謂攻發人之陰私。」

五曰，觀其愛敬。

案：禮記喪服四制：「資於事父以事君而敬同。」「資於事父以事母而愛同。」

以知通塞。

案：易節象傳：「不出戶庭，知通塞也。」

注：爲仁者，必濟恤。

案：明刻本「仁」下無「者」字。無「者」，恐非。下注：「爲恤者，必赴危」「爲剛者，必無慾」咸其證。

覩危急則惻隱，將赴救則畏患。

案：孟子公孫丑上：「惻隱之心，仁之端也。」又潛夫論明忠篇：「夫惻隱人皆有之。是故耳聞啼號之音，無不爲之慘悽悲懷，而傷心者目見危殆之事，無不爲之惻怛，驚而赴救之者。…………是故進忠扶危者，賢不肖之所共願也。誠皆願之而行違者，常苦其道不利而有害，言未得言而身敗爾。」劉劭之意本於此。

注：仁情動於內。

案：詩大序：「情動於中，而形於言。」禮記樂記：「情動於中，故形於聲。」「中」，亦「內」也。說文云：「中，內也，从口丨，下上通也。」

處虛義則色厲，顧利慾則內荏。

案：論語陽貨：「色厲而內荏。」集解：「孔曰，荏，柔也。爲外自矜厲而內柔佞。」

注：爲剛者，必無慾。

案：明刻本脫「者」字，他本俱有。

注：愛則不施，何於仁之爲能。

案：此句當作「愛則不施，何仁之能爲」。「於」字涉上諸注而衍，「能爲」倒作「爲能」，遂不可通。下注云：「畏懦不果，何恤之能行」、「情存利慾，何剛之能成」，注例並同。明刻本下句作「何以仁之能爲」，「於」作「以」；「爲能」二字倒。葉刊評點本「何」下缺字，「爲能」亦作「能爲」。四庫全書本整句作「愛而不施予，何仁之能爲」，文義可通，然恐是以意改。

是故不仁之質勝，則伎力爲害器。

案：白虎通德論姓名：「貴功德，賤伎力。」

則彊猛爲禍梯。

案：史記趙世家：「李兌謂肥義曰：『公子章彊壯而志驕，黨衆而欲大。……毋爲怨府，毋爲禍梯。』」考證：「禍梯猶言禍階也。」

注：惡物宜翦而除。

案：葉刊評點本「宜」作「能」，謬。四庫全書本「翦」作「剪」。說文通訓定聲乾部以「翦」爲「⿰歬刂」之叚借字。玉篇云：「剪，俗翦字。」正字通云：「剪，俗⿰歬刂字。」考說文無「剪」字。四上羽部：「翦，羽生也，以羽歬聲。」段玉裁注云：「羽初生如前齊也。前，古之翦字，今之歬字。」又四下刀部：「⿰歬刂，齊斷也。」段玉裁注云：「前，古叚借作翦。今字作剪俗。」則「前」，古字，叚借作「翦」，俗作「剪」。

愛惠分篤，雖傲狎不離。

案：葉刊評點本「狎」作「柙」，「離」下有「也」字。「柙」字，不見字書，必是誤字。案「傲狎」，即指倨傲而狎侮他人言之。

注：雖原壤夷俟，而不相棄，無大過也。

案：論語憲問：「原壤夷俟。子曰：『幼兒不孫弟，長而無述焉，老而不死，是爲賊』。以杖叩其脛。」集解：「馬曰，原壤，魯人，孔子故舊。夷，踞也。俟，待也。踞以待孔子也。」又微子：「故舊無大故，則不棄也。」又述而：「五十以學易，可以無大過矣。」

注：如殺無道，以就有道。

案：論語顏淵：「季康子問政於孔子曰：『如殺無道，以就有道，何如？。』」集解：「孔曰，就，成也，欲多殺以止姦。」蓋此注所本。

救濟過厚，雖取人不貪也。

案：「貪」當作「貪」。（說見前）考左傳襄二十九年：「施而不費，取而不貪。」

是故觀其奪救，而明間雜之情，可得知也。

案：「明」字疑涉上文「何謂觀其奪救，以明間雜」而衍。本文正與下文「是故觀其感變，而常度之情，可知」對文。當據刪。

注：或畏怯奪慈仁。

案：禮記仲尼燕居：「給奪慈仁。」

注：或救過濟其分。

案：本注有錯簡。「救過濟其分」，義不可通，疑本作「救濟過其分」。當乙正。

夫人厚貌深情。

案：莊子列禦寇：「孔子曰，凡人心險於山川，難於知天。天猶有春秋冬夏旦暮之期，人者厚貌深情。」（案列禦寇文已見前）。

注：默而識之。

案：論語述而：「子曰，默而識之，學而不厭，誨人不倦，何有於我哉！」

注：理不一據，言意渾雜。

案：藍格鈔本「據」作「㨿」。「㨿」「據」，俗正字之異耳。

㣲忽必識妙也。

案：「㣲」正作「微」。「忽」亦「微」也，又細微易忽也。大戴禮文王官人：「微忽之言久而可復。」注：「謂微細及忽然之語。」俞樾大戴禮記平議：「按忽亦微也。孫子算經曰：『蠶所吐絲爲忽，十忽爲秒，是忽乃一絲之名。物之至微者，字亦作總。』廣雅釋詁曰：『總，微也，曹憲音忽，是總即忽也。』漢書律厤志曰：『無有忽微，此云微忽，猶彼云忽微。二字一義。』」

注：道聽塗說。

案：論語陽貨：「道聽而塗說，德之棄也。」集解：「馬曰，聞之於道路，則傳而說之。」

疾疢之色，亂而垢雜。

案：「疾疢」，病也。禮記樂記：「疾疢不作，而無妖祥。」文子卷十二上禮：「辟疾疢之灾。」又長短經卷一知人篇引「雜」作「理」。案「理」是也。劉注云：「黃黑色雜理多塵垢」可證。今本作「雜」者涉劉注文「色雜」而譌。

妬惑之色，冒昧無常。

案：「冐」當作「冒」，四庫全書本不誤，當據正。「冒昧」，猶冒犯闇昧也。說文七下冃部：「冒，冡而前也，从冃目。」段玉裁注云：「冡者覆也，引伸之有所干犯而不顧。曰目者若無所見也。」又說文七上日部：「昧，一曰闇也。」冒犯、闇昧，義相近。冒昧雙聲。

注：憤怒塡胸者，未言而色貌已作。

案：顧定芳刊本「貌」作「冐」，非是。案正文「言未發而怒色先見者，意憤溢也」觀之，則「冐」之當作「貌」審矣。又四庫全書本「胷」作「胸」。「胷」即「胸」，本作「匈」。說文九上勹部：「匈，膺也。」段玉裁注云：「今字胷行而匈廢矣。」集韻平聲鍾韻云：「匈，說文膺也，或作𦙄、胷。」

言將發而怒氣送之者，彊所不然也。

案：長短經卷一知人篇引「將」作「已」，「彊」作「強」。案「已」是也。上文既云：「言未發而怒色先見者，意憤溢也。」則此「將」之當作「已」審矣。又「彊」「強」，音義皆同。（說詳前）

凡此之類徵見於外，不可奄違。

案：淮南子脩務篇：「知不足以奄之。」注：「奄，蓋也。」

感愕以明，雖變可知。

案：長短經卷一知人篇引「感」作「慼」，恐非。劉注云：「情雖在內，感愕發外」，正作「感」。他本不誤。

是故觀其改變，而常度之情可知。

案：葉刊評點本句末有「也」字。

注：氣既清矣，力勁則烈。

案：「則」下疑脫「能」字。下文「智既勁矣，精理則能稱」，語意一貫耳。

依訐似直。

案：論語陽貨：「惡訐以爲直者。」

注：以直之訐，計及良善。

案：「計及良善」，「計」當作「訐」，字之誤也，蓋二字之右旁形似致誤。顧定芳刊本、四庫全書本正作「訐」。又顧定芳刊本「以」作「似」。案「以」本作「㠯」，同「巳」。禮檀弓：「則豈不得以。」注：「以與巳字本同。」可證。「似」與「以」通。說文通訓定聲頤部云：「似」叚借爲「以」字。考易明夷：「文王以之」，荀諝向秀本正作「似」，即其比。

依宕似通，行傲過節。

案：「宕」謂意氣橫佚，無檢制也。說文七下宀部：「宕，過也。」段玉裁注云：「宕之言蕩也。」「宕」「蕩」聲同，往往不分。世說新語雅量：「賓客左右，皆跌蕩不得住。」三國志蜀志簡雍傳：「性簡傲跌宕，在先主坐席，猶箕踞傾倚，威儀不肅。」一作「蕩」，一作「宕」，是其比。

注：直人之訐，訐惡憚非，純訐爲訐，訐善刺是。

案：四庫全書本「憚」作「癉」，「爲」作「之」。「癉」與「憚」通。集韻去聲換韻：「癉，說文勞，或从心」。爾雅釋詁：「勤愉庸癉。」釋文：「癉，本作憚。」詩小雅大東：「哀我憚人」；小明：「憚我不暇」，釋文並云：「憚，亦作癉」，即「憚」「癉」通用之證。又「爲」作「之」是也。「純訐之訐」，正與上句「直人之訐」，句法一律。

注：通人之宕，簡而達道，純宕傲僻以自恣。

案：書舜典：「簡而無傲。」

直而能溫者，德也。

案：書舜典：「直而溫。」孔傳：「敎之正直而溫和。」皋陶謨：「直而溫。」孔傳：「行正直而氣溫和。」

是故輕諾似烈而寡信，多易似能而無効。

案：藍格鈔本、葉刊評點本、四部叢刊本「効」皆作「效」。古今圖書集成學行典第一二八卷觀人部引亦作「效」。考「効」字不見說文。部文三下攴部：「效，像也」（今說文作象，從段玉裁改）。廣韻去聲三十六效，以「効」爲「效」之俗。段玉裁說文注云：「今俗分別效力作効，效法、效驗作效，尤爲鄙俚。」考老子六十三章：

「夫輕諾必寡信，多易必多難。」

注：不量己力，輕許死人，臨雖畏怯，不能殉命。

案：「雖」，誤字，「臨雖」，義不可通，當爲「難」，四庫全書本正作「臨難」，當據正。又明刻本「人」作「亾」。「亾」即「亡」。蓋「人」與「亾」形近，「死亡」又爲熟語，因而致誤也。他本不誤。

注：不顧材能，日謂能辦，受事猖獗，作無効驗。

案：「日謂」非是，義不可通。藍格鈔本、葉刊評點本竝作「自謂」是也。四庫全書本亦作「自謂」。又藍格鈔本、葉刊評點本、四部叢刊本「効」俱作「效」。

進銳似精而去速。

案：孟子盡心上：「其進銳者，其退速。」

訐施似惠而無成。

案：長短經卷一知人篇引「訐」作「許」，「成」作「終」。「許」字恐非。「訐」，面相斥罪告訐也。「施」，猶劾也。「訐施」二字，蓋連文。又「終」字，亦非，蓋涉注文而誤。

面從似忠而退違。

案：書益稷：「予違汝弼。汝無面從，退有後言。」孔傳：「無得面從我違，而退後有言我不可弼。」

注：紫色亂朱，聖人惡之。

案：論語陽貨：「子曰，惡紫之奪朱也。」孟子盡心下：「孔子曰，惡似而非者。……惡紫，恐其亂朱也。」趙注：「似眞而非眞者，孔子之所惡也。……紫色似朱。朱，赤也。」

注：伊去太甲，以成其功。

案：孟子萬章上：「伊尹相湯，以王於天下，湯崩，太丁未立，外丙二年，仲壬四年，太甲顚覆湯之典刑，伊尹放之於桐；三年，太甲悔過，自怨自艾，於桐處仁遷義，三年，以聽伊尹之訓己也，復歸於亳。」又史記殷本紀：「太甲，成湯適長孫也，是爲帝太甲。帝太甲元年，伊尹作伊訓，作肆命，作徂后。帝太甲既立三年，不明暴虐，不遵湯法，亂德。於是伊尹放之於桐宮三年。伊尹攝行政當國，以朝諸侯。帝太甲居桐宮三年，悔過自責反善。於是伊尹迺迎帝太甲，而授之政。帝太甲修德，諸侯咸歸殷，百姓以寧。」劉昞本注出於此。

注：終日不違，內實分別。

案：論語爲政：「子曰，吾與回言，終日不違如愚。退而省其私，亦足以發。回也不愚。」集解：「孔曰，不違者，無所怪問於孔子之言。默而識之如愚。」

注：汎愛無私，似虛而實。

案：論語學而：「汎愛衆而親仁。」又泰伯：「有若無，實若虛。」

注：故聖人參訊廣訪，與衆共之。

案：孔子家語刑政：「孔子曰，大司寇，正刑明辟，以察獄。獄必三訊焉。」王注：「一曰訊群臣，二曰訊群吏，三曰訊萬民也。」又「疑獄，則泛與衆共之。」

非天下之至精，其孰能得其實。

案：長短經卷一知人篇引「孰」上無「其」字，「實」下有「也」字，他本則並同今本。考易繫辭傳上：「非天下之至精，其孰能與於此？」蓋此文所本。

注：何憂乎驩兠？何迁乎有苗？

案：四庫全書本「迁」作「遷」。「迁」即「遷」之俗體。正字通云：「迁，俗遷字。」考書臯陶謨：「能哲而惠，何憂乎驩兜，何遷乎有苗。」迺本注所本。案「驩」亦作「讙」；「兠」本作「兜」。史記夏本紀、孟子萬章上並引作「驩兜」；淮南子泰族篇引作「讙兜」；莊子在宥篇引作「讙兜」。路史國名記卷乙云：「今弘農有地名兜志，爲驩兜之都。」則作「驩兜」，與今本同。案驩、讙音義並同，故通用。春秋文公六年：「晉侯驩。」公羊作「讙」，是其證。

注：是以昧旦晨興。

案：孔子家語顏回：「孔子在衞，昧旦晨興。」又左傳昭三年：「讒鼎之銘曰：『昧旦丕顯，後世猶怠。』」杜注：「昧旦，早起也。」

注：揚明反陋。

案：葉刊評點本、顧定芳刊本「反」作「仄」。作「仄」者是也。考書堯典：「明明揚側陋。」孔傳：「堯知子不肖，有禪位之志，故明舉明人在側陋者，廣求賢也。」「側」與「仄」聲訓相通，同隸於古韻頤部。說文九下厂部：「仄，側傾也。」段玉裁注：「古與側昃字相假借。」漢書薛宣傳：「躬有日仄之勞。」師古曰：「仄，古側字也。」

語之三槐，詢之九棘。

案：周禮秋官朝士：「朝士掌建邦外朝之灋，左九棘，孤、卿、大夫位焉，羣士在其後。右九棘，公、侯、伯、子、男位焉，羣吏在其後。面三槐，三公位焉。州長、衆庶在其後。」注：「樹棘以爲位者，取其赤心而外刺，象以赤心三刺也。槐之言懷也，懷來人於此，欲與之謀。」「三槐」「九棘」，蓋此注所本。

故聽言信貌，或失其眞。

案：論語公冶長：「始吾於人也，聽其言而信其行。」

注：言訥貌惡，仲尼失之子羽。

案：史記仲尼弟子列傳：「澹臺滅明，字子羽，狀貌甚惡，欲事孔子，孔子以爲材薄。既已受業，退而修行，行不由徑，非公事不見卿大夫。南游至江，從弟子三百人，設取予去就，名施乎諸侯。孔子聞之曰：『吾以言取人，失之宰予；以貌取人，失之子羽。』」迺此注所本。史記孔子一語亦見於論衡骨相篇。韓非子顯學篇云：「澹臺子羽，君子之容也，仲尼幾而取之，與處久而行不稱其貌。宰予之辭，雅而文也，仲尼幾而取之，與處而智不充其辯。故孔子曰：『以容取人乎，失之子羽；以言取人乎，失之宰予。』」又孔子家語卷九云，子羽有君子之姿，孔子嘗以容貌望其才，其才不充。考史記一語云，滅明狀貌甚惡，則以子羽形陋也。孔子云：「以貌取人，失之子羽。」與家語、顯學篇，正相反。

注：疑非人情，公孫失之卜式。

案：漢書卷五十八卜式傳云：「式上書，願輸家財半助邊。卜式曰：『天子誅匈奴，愚以爲賢者宜死節，有財者宜輸之，如此而匈奴可滅也。』使者以聞。上以語丞相弘。弘曰：「此非人情。不軌之臣不可以爲化而亂法，願陛下勿許。』上不報，數歲，乃罷式，式歸，復田牧。」劉昞蓋指此言之。

注：雖其不盡得其實，然察其所依似，身其體氣，粗可幾矣。

案：四庫全書本「身其體氣」作「則其體氣」，藍格鈔本作「尋其體氣」。詳審文意，似當作「則」。

是故孝經以愛爲至德，以敬爲要道。

案：孝經開宗明義章：「先王有至德要道，以順天下，民用和睦，上下無怨。」又士章：「資於事父，以事母而愛同。資於事父，以事君而敬同。」士章語亦見於禮記喪服四制，惟上下句互乙。

注：施化無方，德之則也。

案：易益彖傳：「天施地生，其益无方。」

注：寂寞無爲，道之倫也。

案：莊子天道：「夫虛靜恬淡，寂漠無爲者，天地之平，而道德之至。」「夫虛靜恬淡，寂漠無爲者，萬物之本也。」

注：禮由陰作，樂由陽來。

案：禮記郊特牲：「樂由陽來者也；禮由陰作者也。陰陽和而萬物得。」正義：「樂由陽來者也者，此明樂也。陽，天也。天氣化，故作樂象之。樂以氣爲化，是樂由陽來者也。陽化謂五聲八音也。禮由陰作者也者，陰，地也。地以形生，故制禮象之。禮以形爲教，是禮由陰作也。形教謂尊卑大小拜伏之事也。」

注：煦渝篤密，感物深感，是以翳桑之人，倒戈報德。

案：四庫全書本，上八字作「煦嫗篤密，感物甚深」，顧定芳刊本「感物深感」作「感物深矣」。「煦渝」即「煦嫗」，古字通用。考禮記樂記：「煦嫗覆育萬物。」注：「氣曰煦，體曰嫗。」說文十二下女部：「嫗，母也。」段玉裁注云：「樂記煦嫗覆育萬物。鄭曰：『以氣曰煦，以體曰嫗。』」集韻上聲噳韻亦云：「嫗，以氣曰煦，以體曰嫗。」案樂記一語，亦見於淮南子原道篇，惟「煦嫗」作「呴諭」。原道篇又云：「羽者嫗伏」，「嫗伏」即「諭覆」也。又「翳桑之人，倒戈報德」，迺出於左傳。考宣二年：「初宣子田於首山，舍于翳桑，見靈輒餓，問其病。曰：『不食三日矣。』食之，舍其半。問之。曰：『宦三年矣，未知母之存否。今近焉，請以遺之。』使盡之，而爲之簞食，與肉，寘諸橐以與之，既而與爲公介，倒戟以禦公徒而免之。

問：『何故。』對曰：『翳桑之餓人也。』問其名居，不告而退，遂自亡也。」是此注所本。

注：爲有力者譬烏獲。

案：孟子告子下：「今日舉百鈞，則爲有力人矣。然則舉烏獲之任，是亦爲烏獲而已矣。」趙注：「烏獲，古之有力人也。能移舉千鈞人，能舉其所任，是爲烏獲才也。」

注：爲辨給者稱三緘。

案：孔子家語觀周：「孔子觀周，遂入太祖后稷之廟。廟堂右階之前有金人焉。三緘其口，而銘其背曰：『古之愼言人也。戒之哉，無多言。多言必敗。』」

此人性之六機也。

案：葉刊評點本「性」作「情」。案上文「夫人之情有六機」；下文「夫人情莫不欲遂其志」觀之，則此文之「性」當作「情」審矣。「情」作「性」，蓋聯想之誤。

注：治亂而求賢能。

案：書說命中：「惟治亂在庶官。官不及私昵，惟其能。爵罔及惡德，惟其賢。」

辨士樂陵訊之辭。

案：「辨士」同「辯士」，謂善辯之人。考說文四下刀部：「辨，判也。」又十四下辛部：「辯，治也。」段玉裁注云：「俗多與辨不別。」史記范雎蔡澤傳贊：「范雎、蔡澤，世所謂一切辯士。」

德行不訓，則正人哀。

案：藍格鈔本、四部叢刊本「則正人哀」俱作「則正人哀哀」，多著一「哀」字，恐非。疑誤攔注文「哀不得行其化」之「哀」入正文故也。案作一字者，始與上文「功力不建，則烈士奮」注：「奮，憤不能盡其材也」，句法一律。下不復述。

政亂不治，則能者歎。

案：藍格鈔本、四部叢刊本「則能者歎」俱作「則能者歎歎」，多著一「歎」字。

敵能未弭，則術人思。

案：藍格鈔本、四部叢刊本「則術人思」俱作「則術人思思」，多著一「思」字。

貨財不積，則貪者憂。

案：藍格鈔本、四部叢刊本「則貪則憂」俱作「則貪者憂憂」，多著一「憂」字。

注：所怨不杼其能悅也。

案：四庫全書本，此句作「所能不抒其能悅乎。」考「杼」與「抒」通。楚辭九章惜誦：「發憤以杼情。」注：「杼，一作抒。」又「也」同「乎」。經傳釋詞四：「也，猶邪也，歟也，乎也。」又「怨」作「能」恐非。正文云：「是所謂不杼其能則怨也」，則似以「怨」爲是。

則無不色懌。

案：「懌」是「懌」之訛。葉刊評點本、四庫全書本皆作「懌」。當據正。案「懌」，悅也。說文新附：「懌，說也，从心睪聲。」

注：是以君子終日謙謙。

案：易乾九三爻辭：「君子終日乾乾。」謙象辭：「謙謙君子，卑以自牧也。」

是所謂以惡犯婟則妬惡生矣。

案：「惡生矣」三字當刪。此蓋涉上文「以惡犯婟則妬」及注「則妬害生也」而衍。又綠上文「是所謂自伐歷之則惡也」「是所謂以謙下之則悅也」「是所謂駮其所乏則婟也」觀之，則「妬」下當有「也」字，句法迺能一律。

是以君子接物，犯而不校。

案：論語泰伯：「犯而不校。」集解：「校，報也。」

注：知物情好勝，雖或以小犯己，終不較拒也。

案：藍格鈔本、葉刊評點本「較」皆作「校」，四庫全書本仍同今本。「較」，比較也，與「校」通。說文作「較」。說文十四上車部：「較，車輢上曲鉤也，从車爻聲。」段玉裁注云：「引申爲計較之較，亦作校。」廣雅釋詁一：「校，度也。」字，亦以較爲之。」咸其證。

以佯愛敬爲見異。

案：葉刊評點本「佯」作「佯」。「佯」即「佯」。廣韻下平聲陽韻云：「佯，詐也。」

注：孔光逡巡，董賢欣喜。

案：「逡巡」，卻退貌。文選班孟堅東都賦：「逡巡降階。」李善注：「公羊傳，趙盾逡巡北面再拜，郭璞爾雅注曰，逡巡却去也。」又司馬相如上林賦：「於是二子，愀然改容，超若自失，逡巡避席。」李善注：「廣雅曰，逡巡，却退也。」此注出於漢書。考卷九十三佞幸傳云：「初丞相孔光爲御史大夫。時賢父恭爲御史，事光。及賢爲大司馬，與光並爲三公。上故令賢私過光。光雅恭謹，知上欲尊寵賢。及聞賢當來也，光警戒衣冠，出門待望，見賢車，乃卻入。賢至中門，光入閤，既下車，乃出拜謁，送迎甚謹，不敢以賓客均敵之禮。賢歸，上聞之喜，立拜光兩兄子爲諫大夫常侍。賢繇是權與人主侔矣。」

注：小人易悅而難事。

案：論語子路：「子曰，君子易事而難說也。說之不以道，不說也。及其使人也，器之。小人難事而易說也。說之雖不以道，說也。及其使人也，求備焉。」

注：故其父攘羊，其子證之。

案：論語子路：「吾黨有直躬者，其父攘羊，而子證之。」集解：「有因而盜曰攘。」疏：「言因羊來入己家，父即取之。」匡謬正俗卷一：「或問曰，論語云，直躬之父攘羊，注云，攘，盜也。何以盜爲攘，更有何義？答曰，按爾雅云，攘仍因也，書云，敓攘矯虔即其事也。」子路篇語，即劉昞此注所本。謂偏材之人，皆有所短，故「直之失也訐」。考直躬事竝見於韓非五蠹篇、呂覽當務篇、淮南氾論篇。考「直躬」一名，爭論頗多：胡致堂謂：「直躬，猶曰正己。」論語釋文曰：「躬，鄭本作弓，云直人名弓。」廣韻二十四職：「直，又姓。楚人直躬之後」是猶趙岐孟子注：「弈人名秋通，一國謂之善弈秋。子張又善鼓琴，號曰，琴張」之類。王端履曰：「論語：『吾黨有直躬者。』孔注：『直躬，直身而行也。』」高誘注直人躬，楚，葉縣人也。躬蓋名，其人必素以直稱者，故稱直躬。案韓非、呂覽、淮南同作躬，而皆以爲人名，胡訓爲正己，孔以古弓字從身，訓爲直身，失之鑿矣。躬，當係其名，其行直，人號之曰直躬，如盜跖即此類也，高注當可從。

注：承之以劒。

案：左傳哀十六年：「承之以劒，不動。」蓋此注所本。

注：故宮之奇爲人撓，不能強諫。

案：左氏僖二年：「對曰，宮之奇之爲人也懦，而不能強諫。」迺此注所本（案「撓」「懦」同誼，謂弱也。呂氏春秋別類：「必將撓。」注：「撓，弱曲也。」左氏僖二年一語「懦」字注，正作「弱」）。

注：尾生守信，死於橋下。

案：史記蘇秦傳：「信如尾生，與女子期於梁下，女子不來，水至不去，抱梁柱而死。」漢書東方朔傳：「信若尾生。」師古注：「尾生，古之信士，與女子期於梁下，待之不至，遇水而死。一曰，即微生高也。」此節所載尾生溺死史實，習見古書稱引，莊子盜跖篇、淮南氾論篇、鹽鐵論褒賢篇、長短經詭信篇、戰國策燕策、文選嵇叔夜琴賦注並見，不具引。案尾生溺死，亦信之患也。

和者不愞，無以保其和，既悅其和，不可非其懦。

案：葉刊評點本、四庫全書本句末「懦」字竝作「愞」。古今圖書集成學行典第一二八卷觀人部引亦作「愞」。考集韻平聲虞韻：「儒，說文駑弱者也。漢，倪寬儒於武，或作愞」；上聲準韻：「愞，劣弱皃」；去聲換韻：「偄，奴亂切，說文弱也，或从心，亦作需、懦、嬬、耎」。廣韻去聲過韻：「愞，弱也，或從需」。段玉裁則以「懦」爲「愞」之僞字。說文十下心部：「愞，駑弱也，从心耎聲。」段玉裁注云：「此篆各本作懦，从心需聲，乃淺人所改。愞與人部偄，音義皆同，弱也。」案本文句首既云：「和者不愞」，本文注云：「用人之和，恕其愞也」，並作「愞」，則此「懦」字，宜改作「愞」，字體迺能一律。

注：純訏之人，未能正眞。

案：葉刊評點本、藍格鈔本「正眞」俱作「正直」。四庫全書本亦作「正直」。

何謂觀其聰則，以知所達。

案：「聰則」，義不可通，「則」必是「明」之誤。葉刊評點本、顧定芳刊本正作「聰明」。下文「然則苟無聰明，無以能遂。」正與此相應。

信者德之固也。

案：左傳文元年：「忠，德之正也；信，德之固也；卑讓，德之基也。」

注：生知者上，學能者次。

案：論語季氏：「孔子曰，生而知之者上也。學而知之者次也。困而學之，又其次也。困而不學，民斯爲下矣。」

注：理成事業，昧於玄智。

案：顧定芳刊本「於」作「于」。「于」猶「於」也。（說見前）

注：道無不載，故無不周。

案：莊子德充符：「夫天無不覆，地無不載。」又天地篇：「夫道覆載萬物者也，洋洋乎大哉！」

道也者，回覆變通。

案：梁夢龍刊本、顧定芳刊本「覆」竝作「復」。「復」與「覆」通。詩小雅蓼莪：「顧我復我。」疏：「復，反也，故爲反覆，謂小者就所養之處，廻轉反覆之也。」可證。

注：仁者濟物之資，明者見物而已。

案：葉刊評點本、顧定芳刊本下「物」字，竝作「理」。案「理」非是。「見物」，正承「濟物」而言，若作「理」，則非其指矣。

注：是以動而爲天下法，言而爲萬世範。

案：禮記中庸：「是故君子動而世爲天下道，行而世爲天下法，言而世爲天下則。」

注：居上位而不亢，在下位而不悶。

案：易乾文言傳：「是故居上位而不驕，在下位而不憂。」

五、人物志　卷下

七繆第十

七繆，一曰，察譽有偏頗之繆。

案：「頗」亦「偏」也。漢書匈奴傳上：「天不頗覆，地不偏載。」師古曰：「頗亦偏也。」

注：或情同忘其惡，或意異違其善也。

案：兩京遺編本「忘」作「亡」，他本則與今本同。案「亡」通作「忘」。說文通訓定聲壯部云：「亡，叚借爲忘。」可證。詩邶風綠衣：「心之憂矣，易維其亡。」箋「亡之言忘也。」列子仲尼：「知而亡情。」釋文：「亡，本作忘。」又漢書武五子傳：「臣聞子胥於忠而忘其號。」師古注：「忘，亡也。」淮南脩務篇，南榮疇恥聖道之獨亡於己，賈子勸學篇亡作忘。韓非子難三篇，此亡王之俗，以亡爲忘，皆其例。

蓋「忘」从「亡」聲耳。

三曰，度心有小大之誤。

案：四庫全書本「小大」互乙爲「大小」。

信耳而不敢信目。

案：文選張衡東京賦：「若客所謂末學膚受，貴耳而賤目者也。」李善注：「桓子新論曰，世咸尊古卑今，貴所聞賤所見。」

則意轉而化之。

案：兩京遺編本，脫句末「之」字，他本皆有。

雖無所嫌，意若不疑。

案：「不疑」當作「有疑」。下注云：「信毀譽者，心雖無嫌，意固疑矣。」「意」既已「疑」，則「有」字是也。宜正之。

注：言忠信，行篤敬，雖蠻貊之邦行矣。蠻貊推之，況州里乎。

案：論語衛靈公：「子曰，言忠信，行篤敬，雖蠻貊之邦行矣。言不忠信，行不篤敬，雖州里行乎哉。」迺此注所本。案「蠻貊」者，南蠻北狄是也。又「篤」即「篤」。唐寫本从竹，从艸之字多不別，六朝、唐人俗書如此。

注：是以聖人如有所譽，必有所試。

案：論語衞靈公：「子曰，吾之於人也，誰毀誰譽。如有所譽者，其有所試矣。」集解：「包曰，所譽者，輒試以事，不虛譽而已。」衞靈公一語亦見於三國志魏志卷二十七王昶傳，惟「其有所試矣」作「必有所試」，與劉昞此注正合。

注：忘其百非。

案：說苑雜言：「曾子曰，吾聞夫子之三言，未之能行也。夫子見人之一善，而忘其百非，是夫子之易事也。」

注：謂矯駕爲至孝，殘桃爲至忠。

案：韓非子說難：「昔者彌子瑕有寵於衞君。衞國之法，竊駕君車者罪刖。彌子瑕母病，人間往夜告彌子。彌子矯駕君車以出。君聞而賢之曰：『孝哉，爲母之故，忘其刖罪！』異日與君遊於果園，食桃而甘，不盡，以其半啗君。君曰：『愛我哉，忘其口味，以啗寡人！』」劉昞之意出於此。

志欲弘大，心欲嗛小。

案：太平御覽卷三百六十引「嗛」作「謙」。說文二上口部：「嗛，口有所銜也，从口兼聲。」段玉裁注云：「亦假借爲謙字。如：子夏周易漢藝文志謙卦作嗛是也。」

又三上言部：「謙，敬也，从言兼聲。」段玉裁注云：「敬肅也，謙與敬義相成。謙或假嗛爲之。」繇此觀之，則「嗛」「謙」通用審矣。考公羊昭二十五年：「執事以羞。」注：「嗛，自比齊下執事。」釋文：「嗛，本作謙。」集韻平聲沾韻：「謙，說文，敬也，或从口。」案「嗛」「謙」，並从兼得聲，故得通叚耳。考淮南子主術篇云：「凡人之論心欲小而志欲大。所謂心欲小者，慮患未生，備禍未發，戒過愼微，不敢縱其欲也。志欲大者，兼包萬國，壹齊殊俗，幷覆百姓，若合一族，是非輻湊而爲之轂。故心小者，禁於微也；志大者，無不懷也。聖人之心小矣；聖人之志大也。」淮南此語並見於陶宗儀讀子隨識、群書治要卷四十一。

注：麄則失神。

案：「麄」本作「麤」，此作「麄」者，俗字也。說文通訓定聲豫部：「麤，凡疏略之義，皆當爲麤之轉注。麤即周禮之疏屨也。禮記儒行，麤而翹之，注，猶疏也，微也，輕傳亦以粗爲之。」

懿重所以崇德宇也。

案：顧定芳刊本句末脫「也」字。案下文「志大，所以戡物任也」、「心小，所以愼咎悔也」句法一律，若脫「也」字，則失其例矣。太平御覽卷三百六十引本文正有「

也」字，他本亦有。

志大所以戡物任也。

案：太平御覽卷三百六十引「戡物任也」作「堪任物也」。考爾雅釋詁一：「堪，勝也。釋文云，本又作戡。」

心小所以慎咎悔也。

案：太平御覽卷三百六十引「心小」作「小心」。詳審文意，則似以「心小」爲長。與上文句法正一律。

故詩詠文王，小心翼翼，不大聲以色。

案：詩大雅文王：「維此文王，小心翼翼，昭事上帝，聿懷多福，厥德不回，以受方國。」鄭箋：「小心翼翼，恭慎貌。」皇矣：「帝謂文王，予懷明德，不大聲以色。」毛傳：「不大聲見於色。」鄭箋：「天之言云，我歸人君有光明之德，而不虛廣言語，以外作容貌。」案文王皇矣語迺此文所本。淮南子主術篇、春秋繁露郊祭篇、論衡變虛篇並稱引，然「維」作「惟」。

小心也。

案：「小心也」，當作「心小也」。下文云：「王赫斯怒，以對于天下，志大也」，正相對成文。又上文云：「志大所以戡物任也，心小所以慎咎悔也」；下文云：「心小志大者，聖賢之倫也」，咸其證。宜互乙。長短經卷一知人篇引正作「心小」。

王赫斯怒，以對于天下，志大也。

案：葉刊評點本、四庫全書本「于」竝作「於」。「于」同「於」。（說見前）考詩大雅皇矣：「王赫斯怒，爰整其旅，以按徂旅，以篤于周祜，以對于天下。」毛傳：「對，遂也。」鄭箋：「赫，怒意。斯，盡也。對，荅也。文王赫然與其羣臣盡怒曰：『整其軍旅而出，以却止徂國之兵衆，以厚周當王之福，以荅天下鄉周之望。』」皇矣語迺劉卲此文所本。

由此論之，心小志大者，聖賢之倫也；心大志大者，豪傑之雋也；心大志小者，傲蕩之類也；心小志小者，拘愞之人也。

案：顧定芳刊本「賢」作「贒」。「賢」古作「贒」（說已見前）。又太平御覽三百六十引本文作「由此論之，小心而志大者，豪傑之俊也；心大而志小者，傲蕩之類也；心小而志大者，拘愞之人也」，與各本殊異。案御覽非，然御覽引有「而」字，則古本或如此。又御覽引「雋」作「俊」。「雋」，雋異也，與「俊」通。說文通訓定聲以「雋」爲「俊」之叚借字。又長短經卷一知人篇引「傲」作「敖」。說文八上人部：「傲，倨也。」段玉裁注：「古多假敖爲傲。」

注：心小，故以服事殷；志大，故三分天下有其二。

案：論語泰伯：「三分天下有其二，以服事殷。周之德，可謂至德也已矣。」集解：「包曰，殷紂淫亂，文王爲西伯而有聖德。天下歸周者，三分有二，而猶以服事殷。故謂之至德。」

注：見沛公燒絕棧道，謂其不能定天下。

案：史記留侯世家：「漢王之國，良送至褒中。遣良歸韓。良因說漢王曰：『王何不燒絕所過棧道，示天下無還心，以固項王意。』乃使良還，行燒絕棧道。良至韓。韓王成以良從漢王故，項王不遣成之國，從與俱東。良說項王曰：『漢王燒絕棧道，無還心矣。』乃以齊王田榮反，書告項王。項王以此無西憂漢心，而發兵北擊齊。」正義：「棧道，閣道也。」又漢書卷四十張良傳：「良因說漢王燒絕棧道，示天下無還心，以固項王意。」

注：故童烏、蒼舒，總角曜奇也。

案：法言卷五問神：「或曰，述而不作，玄何以作。曰，其事則述；其書則作。育而不苗者，吾家之童烏乎，九齡而與我玄文。」注：「童烏，子雲之子也，仲尼悼顏淵苗而不秀，子雲傷童烏，育而不苗。」又白氏六帖事類集卷二十九「刻舟以秤」條引云：「魏太祖欲知象輕重而不可秤。少子蒼舒曰，置象以舟刻其水痕，而以土實，則知其數也。帝悅之。」此注出於此。案蒼舒秤象一事，亦見於魏志鄧哀王沖傳，惟其文略異。考詩齊風甫田：「婉兮孌兮，總角丱兮。」傳：「總角，聚兩髦也，丱，幼穉也。」疏：「總聚其髮以爲兩角。」文選袁彥伯三國名臣序贊：「卓卓若人，曜奇赤壁。」張銑注：「曜奇，謂曜明奇策也。」此謂二童年幼而才智卓異也。

注：質重氣遲，則久乃成器，故公孫含道，老而後章。

案：四庫全書本「含」作「弘」，其字當作「弘」，爲避清高宗「弘曆」諱，故一改字作「含」（含之誤字），一缺筆作「弘」也。史記卷一百十二平津侯傳云：「丞相公孫弘者，……。字季，少時爲薛獄吏，有辠免，家貧，牧豕海上。年四十餘，乃學春秋雜說。……。建元元年，天子初即位，招賢良文學之士，是時弘年六十，徵以賢良爲博士。……。元光五年有詔徵文學，……。天子擢弘對爲第一。……。弘爲人意忌，外寬內深，……。殺主父偃，徙董仲舒於膠西，皆弘之力也。食一肉，脫粟之飯，故人所善賓客仰衣食。弘奉祿皆以給之，家無所餘，士亦以此賢之。……。元狩二年，弘病，竟以丞相終。」史記文亦見於漢書卷五十八公孫弘傳。

注：故原壤年老，聖人叩脛而不能化。

案：論語憲問：「原壤夷俟。子曰：『幼而不孫弟，長而無述焉，老而不死，是爲賊。』以杖叩其脛。」集解：「孔曰，叩，擊也。脛脚脛」。案憲問語即此注所本。

注：故常材發奇於應賓，效德於公相。

案：四庫全書本「常材」作「異材」。模以爲「常材」或指「常林」而言。考三國志魏志常林傳：「常林字伯槐。河內溫人也。年七歲，有父黨造門，問林：『伯先在否？汝何不拜！』林曰：『雖當下客，臨子字父。何拜之有？』於是咸共嘉之。……魏國既建，拜尚書。文帝踐阼，遷少府，封樂陽亭侯，轉大司農。明帝即位，進封高陽鄉侯，徙光祿勳太常。晉宣王以林鄉邑耆德，每爲之拜。時論以林節操清峻，欲致之公輔，而林遂稱疾篤。拜光祿大夫。年八十三，薨。」本注「常材」是「常林」或「異材」，未知孰是，姑誌於此，以俟後考。

然其在童髦。

案：長短經卷一知人篇引「髦」作「亂」。說文九上髟部：「髦，髮也。」又二下齒部：「齔，毀齒也。」段玉裁注：「唐宋人又譌齔从乚。」考三國志魏志卷二十五辛毗傳：「彊壯未老，童齔勝戰。」則「童齔」「童髦」義皆可通。

注：仲尼戲言俎豆，鄧艾指圖軍旅。

案：四庫全書本「戲言」作「戲陳」是也。考史記卷四十七孔子世家：「孔子爲兒嬉戲，常陳俎豆設禮容。」又三國志魏志卷二十八鄧艾傳：「艾，每見高山大澤，輒規度指畫軍營處所。時人多笑焉。後爲典農、綱紀、上計吏，因使見太尉司馬宣王。宣王奇之，辟之爲掾。」洒劉昞此注所本。

注：初辭繁者，長必文麗。

案：四部備要本「初」作「幼」，是也。下文注「幼給口者」「幼慈恤者」「幼過與者」「幼多畏者」「幼不妄取」俱作「幼」。若作「初」，則失其例矣。「初」與「幼」蓋形近，因以致誤耳。當據正。

注：故於品質，常有妙失也。

案：葉刊評點本「妙失」作「繆失」，是也。四庫全書本作「所失」，洒肊改。

注：由與己同體，故証彼非，而著己是也。

案：四庫全書本「証」作「證」。考說文三上言部：「證，告也，从言登聲」、「証，諫也，从言正聲，讀若正月」。今俗以「証」爲證驗字。

注：譬俱爲力人，則力小者篡大，力大者提小。

案：顧定芳刊本、葉刊評點本「篡」皆作「慕」，四庫全書本亦作「慕」。

此又同體之變也。

案：長短經卷一知人篇引「變」下有「不可不察」四字。下文云：「而衆人之察，不辨其律理，是嫌於體同也」，義正相承。今本脫。

注：人直過於己直，則非毀之心生。

案：顧定芳刊本，句末「心生」作「生心」，於義不順，且與下注：「人明過於己明，則妬害之心動」，句法不一律。今本是。

注：人明過於己明，則妬害之心動。

案：兩京遺編本「妬」作「無」，非是。「無害之心動」，義不可通。

注：是以佩六國之印，父母迎於百里之外。

案：史記蘇秦傳：「蘇秦爲從約長，并相六國，北報趙王。……曰：『……且使我有雒陽負郭田二頃，吾豈能佩六國相印乎。』」又戰國策秦策一：「故蘇秦相於趙而關不通。……將說楚王，路過洛陽。父母聞之，清宮除道，張樂設飲，郊迎三十里。」

蓋此注所本。

注：是以黑貂之裘弊，妻嫂墮于閨門之內。

案：兩京遺編本「弊」作「獘」，四庫全書本「弊」作「敝」，「墮」作「慢」。考戰國策秦策一略云：蘇秦說秦王書十上，而說不行，黑貂之裘弊，黃金百斤盡，資用乏絕，去秦而歸至家，妻不下紝，嫂不為炊，父母不與言。蓋劉昞此注所本。「弊」本作「獘」。說文十上犬部：「獘，頓仆也，从犬敝聲。春秋傳曰，與犬犬獘。」段玉裁注云：「獘，本因犬仆製字，叚借為凡仆之稱。俗又引伸為利弊字，遂改其字作弊，訓困也，惡也。此與改獎為奬正同。」說文通訓定聲履部云：「獘，字亦作弊，按誤為大，又作廾也。」皆以「弊」「獘」為「獘」之誤字。徧尋諸書，無有作「獘」者，必是傳刻之誤。又「敝」與「弊」古字通用。史記魯仲連與燕將書：「名與天壤俱弊。」孔叢子：「率由前訓，將與天地相敝。」可證。又案「墮」作「慢」，不知四庫何所據！若作「慢」有據，則「墮」即「惰」字耳。

是故達有勞謙之稱。

案：易繫辭傳上：「勞謙君子，有終吉。子曰：『勞而不伐，有功而不德，厚之至也。

語以其功下人者也。德言盛，禮言恭。謙也者，致恭以存其位者也。』」

案：論語衞靈公：「子路慍，見曰：『君子亦有窮乎。』子曰：『君子固窮。小人窮斯濫矣。』」

窮有著明之節。

注：其進則裒多益寡，勞謙濟世。

案：易謙象辭：「地中有山，謙。君子以裒多益寡，稱物平施。」又九三爻辭：「勞謙君子，有終吉。」象曰：「勞謙君子，萬物服也。」

注：退則履道坦坦，幽人貞吉。

案：易履九二爻辭：「履道坦坦，幽人貞吉。」王注：「履道尚謙，不喜處盈，務在致誠，惡夫外飾者也。而二以陽處陰，履以謙也。居內履中，隱顯同也。履道之美，於斯爲盛。故履道坦坦，无險厄也。在幽而貞，宜其吉也。」爻辭語即此注所本。

見贍者求可稱而譽之。

案：葉刊評點本「譽」作「舉」。案「舉」，迺形似之誤。

注：匡救其惡。

案：孝經事君章：「君子之事上也，進思盡忠，退思補過，將順其美，匡救其惡。故上下能相親也。」

注：是以朱建受金，而爲食其畫計。

案：兩京遺編本「食」作「兵」。案「兵」字，誤也。「食其」者，「審食其」也。此注出於漢書。考卷四十三朱建傳云：「朱建，楚人也。高祖賜建號平原君。爲人辯有口，刻廉剛直，行不苟合，義不取容。辟陽侯行不正，得幸呂太后，欲知建，建不肯見。及建母死，貧未有以發喪，方假貸服具。陸賈素與建善，乃見辟陽侯。曰：『前日君侯欲知平原君，平原君義不知君，以其母故。今其母死，君誠厚送喪，則彼爲君死矣。』辟陽侯乃奉百金稅，列侯貴人以辟陽侯故，往賻凡五百金。久之，人或毀辟陽侯。惠帝大怒，下吏，欲誅之。太后慙，不可言。建乃求見孝惠王幸臣閎籍孺，說曰：『君所以得幸帝，天下莫不聞。今辟陽侯幸太后而下吏，道路皆言君讒，欲殺之。今日辟陽侯誅，旦日太后含怒，亦誅君。君何不肉袒爲辟陽侯言帝？帝聽君出辟陽侯，太后大驩。兩主俱幸君，君富貴益倍矣。』於是閎籍孺大恐，從其計，言帝，帝果出辟陽侯。呂太后崩，大臣誅諸呂，辟陽侯與諸呂至深，卒不誅。計畫所以全者，皆陸生、平原君之力也。」此節史實，亦見於史記陸賈傳。案「受金」者，即指「辟陽侯乃奉百金稅」一事言之；「畫計」者，迺朱建謂閎籍孺語：「君何不肉袒爲辟陽侯言帝？」之計耳。

注：將順其美。

案：劉昞此注，迺孝經事君章文。（見前注「匡救其惡」）

注：是以曹丘見接，爲季布揚名。

案：兩京遺編本「接」作「援」。「援」非是，疑因涉文上「感其引援」之「援」而訛。又四庫全書本「丘」作「邱」。「丘」作「邱」，蓋避孔子諱耳。考本注出於史記。季布傳云：「楚人曹丘生辯士，數招權顧金錢，事貴人趙同等，與竇長君善。季布聞之，寄書諫竇長君曰：『吾聞曹丘生非長者，勿與通。』及曹丘生歸，欲得書請季布。竇長君曰：『季將軍不說足下，足下無往。』固請書遂行，使人先發書，季布果大怒待曹丘。曹丘至，即揖季布曰：『楚人諺曰，得黃金百斤，不如得季布一諾，足下何以得此聲於梁、楚閒哉！且僕楚人，足下亦楚人也，僕游揚足下之名於天下，顧不重邪？何足下距僕之深也。』季布迺大說，引入留數月，爲上客，厚送之。季布名所以益聞者，曹丘揚之也。」語又見於漢書季布傳。

注：是以富貴妻嫂恭，況他人乎。

案：史記蘇秦傳：「蘇秦爲從約長，并相六國。北報趙王，乃行過雒陽。……蘇秦之昆弟妻嫂，側目不敢仰視，俯伏侍取食。蘇秦笑謂其嫂曰：『何前倨而後恭也。』嫂委虵蒲服，以面掩地而謝曰：『見季子位高金多也。』蘇秦喟然歎曰：『此一人之身，富貴則親戚畏懼之，貧賤則輕易之。況衆人乎。』」

注：有慈心而無以拯，識奇材而不能援。

案：顧定芳刊本、兩京遺編本「拯」竝作「極」。

注：分意何由立。

案：正文「分義不復立，恩愛浸以離」則「意」宜作「義」。

注：是以良農能稼，未必能穡。

案：孔子家語在厄：「子曰，賜，良農能稼，不必能穡。良工能巧，不能爲順。君子能脩其道，綱而紀之，不必其能容。」語亦見於史記孔子世家，惟文略異。

注：材智雖鈞，貴賤殊塗。

案：「塗」即「塗」之壞，兩京遺編本作「塗」，亦即其壞文也。廣韻上平聲模韻：「塗，路也。」同「途」。「塗」「途」，皆「徐」之今字。說文二下彳部：「徐，安行也。」

尤妙之人，含精於內、外無飾姿。

案：長短經卷一知人篇引「含精於內」作「含精內眞」，他本則竝同今本。

注：譬金氷內明，而不外朗。

案：「氷」當作「水」。二字形近因以致誤耳。九徵篇云：「猶火日外照，不能內見，金水內映，不能外光」，可證。又考大戴禮記曾子天圓：「故火日外景，而金水內景。」晉書紀瞻傳：「是以金水之明內鑒，火日之光外輝。」皆「金水」連文之證也。宜正之。

注：故馮唐白首，屈於郎署。

案：荀悅馮唐論：「賈誼見逐，張釋之十年不見省用，馮唐白首，屈於郎署，豈不惜哉！」蓋此注所本。史記卷一百二馮唐傳：「唐以孝著，爲中郎署長，事文帝。文帝輦過，問唐曰：『父老何自爲郎？家安在？……』」云云。史記一語亦見於漢書卷五十馮唐傳。案郎署乃官署名。匡謬正俗卷五郎署條云：「馮唐傳云，文帝輦過郎署，見馮唐而問之。郎者當時宿衛之官，非謂趣衣小吏；署者部署之所，猶言曹局，今之司農太府諸署是也。郎署並是郎官之曹局耳。故劉孝標辨命論云，馮都尉皓髮於郎署，而今之學者不曉其意，但呼令史府史爲郎署自作解釋云，郎吏行署文書者；故曰郎署，至乃摛翰屬文咸作此意，失之遠矣。」

碩言瑰姿。

案：小雅巧言：「蛇蛇碩言，出自口矣。」鄭箋：「碩，大也。大言者，言不顧其行，徒從口出，非由心也。」

尤虗之人，碩言瑰姿，內實乖反。

案：長短經卷一知人篇引「反」作「違」。「反」與「違」，義相因。

注：故主父偃辭麗，一歲四遷。

案：顧定芳刊本「主」上有一「韋」字，不知何據。又主父偃，齊國臨菑人也。史記卷百十二主父偃傳云：「上乃拜主父偃、徐樂、嚴安爲郎中。偃數見上疏言事，詔拜偃爲謁者，遷樂爲中大夫，一歲中四遷偃。」（考證云，梁玉繩曰，遷中大夫者主父偃也。漢書曰，偃遷謁者中郎中大夫，所謂一歲四遷以此，與徐樂何涉？樂字當衍）。漢書卷六十四上主父偃傳云：「偃數上疏言事，遷謁者，中郎中大夫。歲中四遷。」與史記所云，文字略異，然謂主父偃上疏言事，一歲四遷一事則一也，亦本注所本。

不可以精微測其玄機。

案：長短經卷一知人篇引「不」下無「可」字。繇下文：「或以貌少爲不足」「或以瑰姿爲巨偉」「或以直露爲虗華」「或以巧飭爲眞實」觀之，則「不可以」當作「不以」審矣。
明異希。
案：葉刊評點本「異希」互乙作「希異」，他本則同今本。
注：覩鬷蔑貌惡，便疑其淺陋。
案：兩京遺編本「鬷」作「𩱅」，誤。說文从「㚇」，然俗書或从「𡕒」。案「鬷蔑」，春秋鄭大夫。此注出於左傳。考昭二十八年：「叔向適鄭，鬷蔑惡。」注：「惡，貌醜。」又「欲觀叔向，從使之收器者，而往立於堂下，一言而善。叔向將飲酒，聞之曰，：『必鬷明也。』」注：「素聞其賢，故聞其言而知之。」
注：見江充貌麗，便謂其巨偉。
案：漢書卷四十五江充傳：「江充，字次倩，趙國邯鄲人也。初，充召見犬臺宮，自請願以所常被服冠見上。上許之。充衣紗縠襌衣，曲裾後垂交輸，冠襌纚步搖冠，飛翮之纓。充爲人魁岸，容貌甚壯。帝望見而異之，謂左右曰：『燕趙固多奇士。』既至前，問以當世政事，上說之。」師古曰：「魁，大也。岸者，有廉棱如崖岸之形。」
□以巧飭爲眞實。

案：葉刊評點本「以」上有「或」字，四庫全書本亦有「或」字。「以」上有「或」字是也。案上文「或以瑰姿爲巨偉」「或以直露爲虛華」，則此當有「或」字，句法迺能一律，宜增補。

注：巧言如流。

案：詩小雅雨無正：「巧言如流，俾躬處休。」傳：「巧言從俗，如水轉流。」

注：或以甘羅爲早成，而用之於早歲。

案　史記卷七十一甘茂傳：「甘羅者，甘茂孫也。茂既死後，甘羅年十二，事秦相文信侯呂不韋。……始皇召見，使甘羅於趙。……甘羅還報。秦乃封甘羅以爲上卿，復以始甘茂田宅賜之。」

注：或訣復欲順次也。

案：四庫全書本「訣」作「誤」。案正文「是以早拔多誤，不如順次」，則「誤」字是也。當據正。

注：故鄭伯謝之於燭武。

案：「燭武」即「燭之武」，「燭武」，春秋鄭大夫。「之」，語助，無義，猶「介之推」之「之」。此注迺指燭之武退秦師一事言之。考左氏僖三十年：「晉侯、秦伯圍鄭。以其無禮於晉，且貳於楚也。……佚之孤言於鄭伯曰：『國危矣，若使燭之武見秦君，師必退。』公從之。辭曰：『臣之壯也，猶不如人，今老矣，無能爲也已。』公曰：『吾不能早用子，今急而求子，是寡人之過也。然鄭亡，子亦有不利焉。』許之，夜縋而出，見秦伯。」

注：故光武悔之於朱浮。

案：後漢書卷三十三朱浮傳：「朱浮字叔元。沛國蕭人也。初從光武爲大司馬主簿，遷偏將軍。……拜浮爲大將軍幽州牧，守薊城。……浮年少有才能，頗欲厲風迹，收士心，辟召州中名宿。……二十年，代竇融爲大司空。二十二年，坐賣弄國恩免。二十五年，徙封新息侯。帝以浮陵轢同列，每銜之，惜其功能，不忍加罪。永平中，有人單辭告浮事者，顯宗大怒，賜浮死。長水校尉樊儵言於帝曰：『唐堯大聖，兆人獲所，尚優遊四凶之獄，厭服海內之心，使天下咸知，然後殛罰。浮事雖昭明，而未達人聽，宜下廷尉，章著其事。』帝以悔之。」此注出於此。

注：秦穆不從蹇叔，雖追誓而無及。

案：左氏僖三十二年：「杞子自鄭使告于秦曰：『鄭人使我掌其北門之管，若潛師以來，國可得也。』穆公訪諸蹇叔。蹇叔曰：『勞師以襲遠，非所聞也。師勞力竭，遠主備之，無乃不可乎！師之所爲，鄭必知之。勤而無所，必有悖心。且行千里，其誰不知？』公辭焉。召孟明、西乞、白乙，使出師於東門之外。」又「三十三年……夏四月辛巳，敗秦師于殽，獲百里孟明視、西乞術、白乙丙以歸。……秦伯素服郊次，鄉師而哭曰：『孤違蹇叔，以辱二三子，孤之罪也。』」蓋此注所本。

注：隗嚻心存於漢，而爲王兔所誤。

案：「嚻」，誤，當作「囂」。又「王兔」非是，葉刊評點本、四部叢刊本竝作「王元」。四庫全書本亦作「元」，迺據後漢書改（見四庫全書考證）。此注出於後漢書。考卷十三隗囂傳：「而囂將王元、王捷常以爲天下成敗未可知，不願專心內事。元遂說囂曰：『昔更始西都，四方響應，天下喁喁，謂之太平。一旦敗壞，大王幾無所厝。今南有子陽，北有文伯，江湖海岱，王公十數，而欲牽儒生之說，棄千乘之基，羇旅危國，以求萬全，此循覆車之軌，計之不可者也。今天水完富，士馬最強，北收西河、上郡，東收三輔之地，案秦舊迹，表裏河山。元請以一丸泥，爲大王東封函谷關，此萬世一時也。若計不及此，且畜養士馬，據隘自守，曠日持久，以待四方之變。圖王不成，其弊猶足以霸。要之，魚不可脫於淵，神龍失埶，即還與蚯蚓同。』囂心然元計，雖遣子入質，猶負其險阸，欲專方面。於是游士長者，稍稍去之。」

是以騏子發足，衆士乃誤。

案：左太沖蜀都賦：「並乘騏子」李善注引桓子新論曰：「善相馬者曰薛公，得馬惡貌而正走，名騏子。」又四庫全書本「誤」作「悞」。「悞」與「誤」同。說文心部不錄「悞」字。廣韻去聲暮韻云：「誤，謬誤，悞，上同。」

韓信立功，淮陰乃震。

案：史記淮陰侯傳：「淮陰侯韓信者，淮陰人也。始爲布衣時，貧無行，不得推擇爲吏，又不能治生商賈。常從人寄食飲，人多厭之者。……漢五年正月，徙齊王信爲楚王，都下邳。」

夫豈惡奇而好疑哉！

案：明刻本「豈惡奇」作「奇惡豈」，「豈」、「奇」二字互錯。顧定芳刊本「豈」字亦誤「奇」，涉同聲而誤也。

是以張良體弱，而精強爲衆智之儁也。

案：史記留侯世家：「太史公曰：『……上曰，夫運籌筴帷帳之中，決勝千里外，吾不如子房。余以爲其人計魁梧奇偉。至見其圖，狀貌如婦人好女。』」又顧定芳刊本「強」作「彊」。「彊」「強」，音義皆同。（說見前）

注：非天下之至精，其孰能與於此。

案：易繫辭傳上：「非天下之至精，其孰能與於此？」正是劉昞此注所本。

注：根，一回反。樞也。

案：四部備要本「一回」作「烏魁」，異於他本。（各本詳前）。考「一」與「烏」，迺舌前與舌後之異，舌音本無類隔（見錢大昕十駕齋養新錄五）；「回」與「魁」，同隸於廣韻上平聲灰韻，音同。爾雅釋宮云：「樞謂之根。」

注：是以伊召管齊，應運乃出。

案：四庫全書本「管齊」作「管晏」是也。「管晏」即管仲、晏嬰是也。又「伊召」是「伊呂」之誤。「伊呂」謂商，伊尹；周，呂尚也。當據正。

注：瞻之在前，忽焉在後，如有所立卓爾，雖欲從之，末由也已。

案：論語子罕：「顏淵喟然歎曰：『仰之彌高，鑽之彌堅，瞻之在前，忽焉在後！夫子循循然善誘人。博我以文，約我以禮。欲罷不能，既竭吾才，如有所立卓爾。雖欲從之，末由也已。』」

不能究之入室之奥也。

案：四庫全書本「奥」作「奧」。案「奥」「奧」皆非，當作「奧」，本作「𡨄」。

說文七下大部：「奧宛也，室之西南隅，从宀𢍏聲。」段玉裁注云：「宛、奧，雙聲。宛者，委曲也，室之西南隅，宛然深藏，室之尊處也。」又上「之」字衍。「不能究入室之奧也」，語氣似較完好。論語先進：「子曰，由也升堂矣，未入於室也。」

注：爲當擬諸形容，象其物宜，觀其會通。

案：易繫辭傳上：「聖人有以見天下之頤，而擬諸其形容，象其物宜，是故謂之象。聖人有以見天下之動，而觀其會通，以行其典禮，繫辭焉以斷其吉凶，是故謂之爻。」

注：舉其一隅而已。

案：論語述而：「不憤不啓，不悱不發。舉一隅不以三隅反，則不復也。」

效難第十一

注：知人則哲，惟帝難之。

案：書臯陶謨：「禹曰：『吁！咸若時，惟帝其難之。知人則哲，能官人。安民則惠，黎民懷之。』」孔傳：「哲，智也。無所不知，故能官人。」

注：以貌狀取人。

案：史記仲尼弟子列傳：「孔子聞之曰：『吾以言取人，失之宰予；以貌取人，失之子羽。』」

注：或色貌取人而行違。

案：韓非子顯學：「澹台子羽，君子之容也，仲尼幾而取之，與處久，而行不稱其貌。……故孔子曰：『以容取人乎？失之子羽。』」顯學一語亦見於孔子家語子路初見篇，惟文字略異。

注：或身在江海，心存魏闕。

案：莊子讓王篇：「身在江海之上，心居乎魏闕之下，奈何。」乃此注所本。此文並見於呂氏春秋審爲篇、淮南子道應篇、俶眞篇、文子下德篇。考審爲篇，高注云：「身在江海之上，言志放也。魏闕，心下巨闕也。心下巨闕，言神內守也。一說：魏闕，象魏也。懸教象之法，浹日而收之。魏魏高大，故曰魏闕。言身在江河之上，心存王室，故在天子門闕之下也。」道應篇注云：「江海之上，言志在于己身，心之魏闕也，言內守。」與高注：「心下巨闕，言神內守也。」略同，係文子用淮南道應篇文，道應篇則又本於呂氏春秋審爲篇也。

注：是以聖人聽言觀行。

案：論語公冶長：「子曰，始吾於人也，聽其言而信其行。今吾於人也，聽其言而觀其行。於予與改是。」

分別妙理，則以爲離婁。

案：孟子離婁上：「離婁之明，公輸子之巧。」趙注：「離婁者，古之明目者，蓋以爲黃帝之時人也。黃帝亡其玄珠，使離朱索之，離朱即離婁也，能視於百步之外，見秋毫之末。」

講目成名，則以爲人物。

案：「講」缺末筆作「講」，乃避趙構諱耳。

注：猶聽猫音而謂之猫，聽雀音而謂之雀，不知二蟲，竟謂何名也。

案：「猫」，字亦作「貓」，又與「苗」通。說文不錄「猫」「貓」字。說文五上：「虦，虎竊毛謂之虦苗。」段玉裁注：「苗，今之貓字。許書以苗爲貓也。」集韻云：「貓，或从犬。」可證。禮記郊特牲：「迎貓爲其食，田鼠也。」字作「貓」。又顧定芳刊本「蟲」作「虫」。考說文：「虫，一名蝮。」「有足謂之蟲，無足謂之豸。」古「虫」「蟲」不分，故以「蟲」諧聲之字多省作「虫」。「虫」，俗書。焦氏筆乘續卷六言俗書之誤則云，俗書蟲字作虫，誤，虫音虺。

注：是以魯國儒服者，衆人皆謂之儒。立而問之，一人而已。

案：莊子田子方：「莊子見魯哀公。哀公曰：『魯多儒士，少爲先生方者。』莊子曰：『魯少儒。』哀公曰：『舉魯國而儒服，何謂少乎？』莊子曰：『周聞之，儒者冠圜冠者，知天時；履句屨者，知地形；緩佩玦者，事至而斷。君子有其道者，未必爲其服也；爲其服者，未必知其道也。公固以爲不然，何不號於國中曰：『無此道而爲此服者，其罪死！』』於是哀公號之五日，而魯國無敢儒服者，獨有一丈夫儒服而立乎公門。公即召而問以國事，千轉萬變而不窮。莊子曰：『以魯國而儒者一人耳，可謂多乎？』」

注：南箕不可以簸揚，比斗不可挹酒漿。

案：「比斗」義不可通耳，當作「北斗」。詩小雅大東：「維南有箕，不可以簸揚，維北有斗，不可以挹酒漿。」蓋此注所本。

故曰名猶口進，而實從事退。

案：「猶」當作「由」。下文「故曰名由衆退，而實從事章」正作「由」。四庫全書本亦作「由」。當正之。

注：視其所止，觀其所居，而焉不知。

案：論語爲政：「子曰，視其所以，觀其所由，察其所安，人焉廋哉！人焉廋哉！」

故居視其所安，達視其所擧，富視其所與，窮視其所爲，貧視其所取。

案：史記魏世家：「克對曰：『君不察故也。居，視其所親；富，視其所與；達，視其所擧；窮，視其所不爲；貧，視其所不取。』」蓋劉卲此文所本。李克語亦見於說苑臣術篇、韓詩外傳三，惟文略異。

注：試而知之，豈相也哉！

案：四庫全書本「試而知之」作「試而行之」。似「知」字是。

注：是以世祖失之龐萌。

案：此注出於後漢書。考卷十二龐萌傳云：「光武即位，以爲侍中。萌爲人遜順，甚見信愛。帝常稱曰：『可以託六尺之孤，寄百里之命者，龐萌是也。』拜爲平狄將軍，與蓋延共擊董憲。時詔書獨下延而不及萌，萌以爲延譖己，自疑，遂反。帝聞之，大怒，乃自將討萌。與諸將書曰：『吾常以龐萌社稷之臣，將軍得無笑其言乎？老賊當族。其各厲兵馬，會睢陽！』」又云：「吳漢校尉韓湛追斬憲於方與，方與人黔陵亦斬萌，皆傳首洛陽。」

注：曹公失之董卓。

案：三國志魏志武帝紀：「……進乃召董卓，欲以脅太后，卓未至而進見殺。卓到，廢帝爲弘農王，而立獻帝，京都大亂。卓表太祖爲驍騎校尉，欲與計事。太祖乃變易姓名，間行東歸。」裴注：「魏書曰，太祖以卓終必覆敗，遂不就拜，逃歸鄉里。」

注：王莽初則布衣折節，卒則窮奢極侈。

案：「莽」非是，當作「莾」。考漢書卷九十九上王莾傳：「莾獨孤貧，因折節爲恭儉。受禮經，師事沛郡陳參，勤身博學，被服如儒生。事母及寡嫂，養孤兄子，行甚敕備。又外交英俊，內事諸父，曲有禮意。」又下：「崔發、張邯說莾曰：『德盛者文縟，宜崇其制度，宣視海內，且令萬世之後，無以復加也。』莾乃博徵天下工匠諸圖畫，以望法度算，及吏民以義入錢穀助作者，駱驛道路。壞徹城西苑中建章……凡十餘所，取其材瓦，以起九廟。……太初祖廟，東西南北各四十丈，高十七丈，餘廟半之。爲銅薄櫨，飾以金銀琱文，窮極百工之巧。帶高增下，功費數百鉅萬，卒徒死者萬數。」又王莾傳贊曰：「王莾始起外戚，折節力行，以要明譽，宗族稱孝，師友歸仁。及其居位輔政，成、哀之際，勤勞國家，直道而行，動見稱述。豈所謂『在家必聞，在國必聞』，『色取仁而行違』者邪？莾既不仁而有佞邪之材，又乘四父歷世之權，遭漢中微，國統三絕，而太后壽考爲之宗主，故得肆其姦慝，以成簒盜之禍。推是言之，亦天時，非人力之致矣。」又云：「自書傳所載，亂臣賊子無道之人，考其禍敗，未有如莽之甚者也。」

注：情愛如此，誰能定之。

案：梁夢龍刊本，葉刊評點本「情愛」作「情變」。案上正文「或志趣變易隨物而化」觀之，則「愛」當作「變」明矣。宜正之。

或曲高和寡，唱不見讚。

案：文選宋玉對楚王問：「客有歌於郢中者，其始曰下里巴人，國中屬而和者數千人，其爲陽阿薤露，國中屬而和者數百人；其爲陽春白雪，國中屬而和者不過數十人；引商刻羽，雜以流徵，國中屬而和者，不過數人而已。是其曲彌高，其和彌寡。」是此注所本。

注：公叔座薦商鞅，而魏王不能用。

案：「公孫座」即「公孫痤」。史記卷六十八商君傳：「鞅少好刑名之學，事魏相公叔痤」（考證云，痤，各本作座。今從殿本、魏策及呂覽長見篇亦作痤。座、痤，古通用）爲中庶子。公叔痤知其賢，未及進。會痤病，魏惠王親往問病，曰：『公叔病，有如不可諱，將柰社稷何？』公叔曰：『痤之中庶子公孫鞅，年雖少有奇才，願王舉國而聽之。』王嘿然。惠王既去，而謂左右曰：『公叔病甚，悲乎！欲令寡人以國聽公孫鞅也，豈不悖哉！』」本注出於此。亦見呂氏春秋長見篇。

注：禽息舉百里奚，首足皆碎。

案：文選陸士衡演連珠云：「禽息碎首，豈要先茅之田。」李善注引韓詩外傳曰：「禽息秦人，知百里奚之賢，薦之於穆公，爲私而加刑焉。公後知百里奚之賢，乃召禽息謝之。禽息對曰，臣聞忠臣進賢不私顯，烈士愛國不喪志，奚陷刑臣之罪也，乃對使者以首觸楹而死，以上卿之禮葬之。」論衡儒增：「儒書言：『禽息薦百里奚，繆公未聽，禽息出，當門仆頭，碎首而死。繆公痛之，乃用百里奚。』此言賢者薦善，不愛其死，仆頭碎首而死，以達其友也。」考今本韓詩外傳無此事，蓋缺佚也。後漢書朱穆傳注引韓詩外傳曰：「禽息秦太夫，薦百里奚不見納，當車以頭擊闑，腦乃精出（孟嘗傳注作播出）曰，臣生無補於國，不如死，繆公感悟，而用百里奚，秦以大化。」亦見孟嘗傳注，與選注又異。據選注所云，是秦穆公已知百里奚之賢而謝之矣，又奚爲觸楹而死哉，當以章懷注爲正。

注：竇后方好黃老，儒者何由見進？

案：漢書卷九十七上外戚傳云：「竇太后好黃帝、老子言，景帝及諸竇不得不讀老子，尊其術。」又漢書卷五十二田蚡傳云：「太后好黃老言，而嬰、蚡、趙綰等務隆推儒術，貶道家言，是以竇太后滋不說。」

注：卞和非因匠，所以抱璞泣。

案：尹文子大道下：「鄭人謂玉未理者爲璞。」四庫全書本「因匠」作「大匠」恐非是，他本則仍同今本。考韓非子卷四和氏：「楚人和氏得玉璞楚山中，奉而獻之厲王，厲王使玉人相之。玉人曰：『石也。』王以和爲誑，而刖其左足。及厲王薨，武王即位，和又奉其璞而獻之武王。武王使玉人相之。又曰：『石也。』王又以和爲誑，而刖其右足。武王薨，文王即位，和乃抱其璞而哭於楚山之下，三日三夜，泣盡而繼之以血。」此注出於此。考史記楚世家無厲王但云蚡冒立，十七年卒，蚡冒弟熊通弑蚡冒子而代立，是爲楚武王，豈蚡冒謚厲而史缺邪！前漢書鄒陽傳注、後漢書陳元孔融傳注引韓非子竝作武王、文王、成王，與淮南子覽冥篇注同，是韓非子有二本也。新序雜事五載此事作厲王、武王、共王，誤（共，當爲文字之誤）。琴操作懷王、平王（見後漢書趙壹傳注），以平王爲懷王之子，尤謬。

注：何武舉公孫録，而爲王氏所推。

案：「公孫録」漢書作「公孫祿」。「録」與「祿」同。此注出於漢書。考卷八十六何武傳云：「武爲前將軍，素與左將軍公孫祿相善，二人獨謀，以爲：『往時孝惠、孝昭少主之世，外戚呂、霍、上官持權，幾危社稷，今孝成、孝哀比世無嗣，方當選立親近輔幼主，不宜令異性大臣持權，親疏相錯，爲國計便。』於是武擧公孫祿可大司馬，而祿亦擧武。太后竟自用莽爲大司馬。莽風有司劾奏武、公孫祿，互相稱擧，皆免。」

注：知己雖遇，當値明王。

案：兩京遺編本「當値」作「常値」，非是。

注：識已須在位，智達復須宜。

案：兩京遺編本「智」作「者」。「者」即「智」之誤。

知與不知，相與分亂於總猥之中。

案：「分」當作「紛」。「分」「紛」形聲相涉而誤。注云：「紛然淆亂」，可證。

注：明揚側陋。

案：書堯典：「明明揚側陋。」孔傳：「堯知子不肖，有禪位之志，故明擧明人在側陋者，廣求賢也。」

注：旁求俊乂。

案：書太甲上：「旁求俊彥，啓廸後人。」又僞古文說命下：「旁招俊乂，列于庶位。」

注：舉能不避仇讐。

案：呂氏春秋去私：「孔子聞之曰：『善哉！祁黃羊之論也。外舉不避讎；內舉不避子。祁黃羊可謂公矣。』」

釋爭第十二

注：賢善不伐，況小事乎，釋忿去爭，必荷榮福。

案：老子二十二章：「不自見，故明；不自是，故彰；不自伐，故有功；不自矜，故長。夫唯不爭，故天下莫能與之爭。」

是故舜讓于德。

案：書舜典：「舜讓于德，弗嗣。」孔傳：「辭讓於德不堪，不能嗣成帝位。」

而顯義登聞。

案：四部叢刊本「登」作「登」。今本劉昞注本文云：「然後信義登聞，光宅天位」，

「登」亦作「登」。說文「登」屬二上癶部。許慎云：「登，上車也，从癶豆象登車形。」段玉裁注：「引伸之，凡上陞曰登。」「登」屬五上豆部，本作「𢍺」。許慎云：「登，禮器也，从廾持肉在豆上，讀若鐙同。」羣經正字云：「按此字近代字書作登，蓋起於集韻，今經典作登。」考集韻平聲登韻云：「𢍺，說文禮器也，从廾持肉在豆上，或作登、甑，通作鐙。」案「登聞」即「升聞」也。書酒誥：「弗惟德馨，香祀，登聞于天，誕惟民怨。」注：「紂不念發聞其德，使祀見享升聞於天，大行淫虐，惟爲民所怨咎。」正解作「升聞」。「升」「登」，古音相同。

湯降不遲，而聖敬日躋。

案：「日躋」謂日進也。詩商頌長發：「湯降不遲，聖敬日躋。」毛傳：「躋，升也。」鄭箋：「湯之下士，尊賢甚疾，其聖敬之德日進。」正是此文所本。資治通鑑晉紀云：「成帝，咸康元年，陛下春秋已長，聖敬日躋。」亦引用「聖敬日躋」四字。韓詩外傳卷三、八亦稱引。

注：生而上哲。

案：論語季氏：「生而知之者上也。」

注：猶懷勞謙。

案：易謙九三爻辭：「勞謙君子，有終吉。」象辭：「勞謙君子，萬民服也。」繫辭傳上：「勞謙君子，有終吉。子曰：『勞而不伐，有功而不德，厚之志也，語以其功下人者也。德言盛，禮言恭，謙也者，致恭以存其位者也。』」

注：光宅天位。

案：書堯典序：「昔在帝堯，聰明文思，光宅天下。」

郄至上人，而抑下滋甚。

案：集韻入聲陌韻：「郤亦姓，或作郄」。「郄至」即「郤至」。古今圖書集成交誼典第一一二卷忿爭部總論引正作「郤至」。左傳博議拾遺下：「欒書怨郤至，以其不從己而敗楚師也，欲廢之。」案郤至，春秋晉人，景公時為溫大夫，又稱「溫季」。程延祚春秋識小錄人名辨異上云：「一人三稱，郤至，一稱溫季，一稱季子。」考史記卷三十九晉世家：「厲公五年，三郤讒伯宗殺之（集解引賈逵曰，三郤：郤錡、郤犨、郤至也）。伯宗以好直諫得此禍。國人以是不附厲公。」又「寵姬兄曰胥童，嘗與郤至有怨。及欒書又怨郤至不用其計而遂敗楚，乃使人閒謝楚。楚來詐厲公曰：『鄢陵之戰，實至召楚（考證云，楓山、三條本，實下有郤字，與左傳合），欲作亂內子周立之，會與國不具，是以事不成。』厲公告欒書。欒書曰：『其殆有矣。願公試使人之周微考之。』果使郤至於周（考證云，果，疑當作公）。欒書又使公子周見郤至，郤至不知見賣也。厲公驗之，信然，遂怨郤至，欲殺之。八年，厲公獵，與姬飲，郤至殺豕奉進，宦者奪之，郤至射殺宦者。公怒曰：『季子欺予』，將誅三郤。未發也。郤錡欲攻公曰：『我雖死，公亦病矣。』郤至曰：『信不反君，智不害民，勇不作亂。失此三者，誰與我，我死耳。』十二月壬午，公令胥童以兵八百襲攻殺三郤。」

劉卲語出於此。

王叔好爭，而終于出犇。

案：左傳襄十年：「王叔陳生與伯輿爭政。王右伯輿。王叔陳生怒，而出奔，及河，王復之，殺史狡以說焉。不入遂處之。晉侯使士匄平王室。王叔與伯輿訟焉，王叔之宰與伯輿之大夫瑕禽，坐獄於王庭，士匄聽之。……使王叔氏與伯輿合要，王叔氏不能舉其契。王叔奔晉，不書不告也。」

注：或宗遺族滅，或迯禍出奔。

案：葉刊評點本「遺」作「移」。四庫全書本「移」作「夷」，「奔」作「犇」。考劉昞注：「彭寵以朱浮之郄，終有覆亡之禍」注云：「是以宗夷而族覆也」，亦作「夷」，則「夷」字是也。「犇」「奔」古今字。

然則卑讓降下者，茂進之遂路也。

案：喻林卷三引「降下者」作「謙下者」。

注：江海所以爲百谷王，以其處下也。

案：老子第六十六章：「江海所以能爲百谷王者，以其善下之，故能爲百谷王。是以聖人欲上民，必以言下之；欲先民，必以身後之。」迺此注所本。

注：獨處不敢爲非。

案：禮記大學：「小人閒居爲不善，無所不至。」

注：出門如見大賓。

案：論語顏淵：「仲弓問仁。子曰，出門如見大賓，使民如承大祭。」皇疏：「言若行出門，恆起恭敬，如見大賓。見大賓，必起敬也。」

注：恃功驕盈。

案：文選曹植責躬詩：「伊余小子，恃寵驕盈。」

注：小人競進。

案：楚辭離騷：「衆皆競進以貪婪兮。」王注：「競，並也。」

注：譬兔殛犬疲，而田父收其功。

案：戰國策齊策三齊欲伐魏，淳于髡爲（補曰，此書爲謂字通用）齊王曰：「韓子盧者，天下之疾犬也；東郭逡者，海內之狡兔也。韓子盧逐東郭逡，環山者三，騰山者五，兔極（集韻入聲職韻云，殛，或作極）於前，犬廢於後，犬兔俱罷，各死其處。田父見之，無勞勌之苦，而擅其功。」是此注所本。

注：君子尚讓，故涉萬里而塗清。

案：葉刊評點本「塗」作「途」。「塗」「途」通用，皆「徐」之今字（說詳前）。

注：古人讓以得，今人讓以失。

案：莊子秋水：「昔者堯舜讓而帝，之噲讓而絕。湯武爭而王，白公爭而滅。由此觀之，爭讓之禮，堯桀之行，貴賤有時，未可以爲常也。」

注：不暇脂車。

案：詩小雅何人斯：「爾之安行，亦不遑舍。爾之亟行，遑脂爾車。」

注：苟矜起等，不羞負乘。

案：「起等」義不可通。「起」乃「越」之誤。四庫全書本正作「越等」。當正之。又易解六三爻辭：「負且乘，致寇至，貞吝。」繫辭傳上：「負也者，小人之事也；乘也者，君子之器也；小人而乘君子之器，盜思奪之矣。上慢下暴，盜思伐之矣。」

注：故趙穿不顧元帥。

案：此注語出於左傳。左氏文十二年：「冬，秦伯伐晉，取羈馬，晉人禦之，趙盾將中軍，荀林父佐之，郤缺上將軍，臾駢佐之，欒盾將下軍，胥甲佐之。范無恤御戎，以從秦師于河曲。臾駢曰：『秦不能久，請深壘固軍以待之。』從之，秦人欲戰，秦伯謂士會曰：『若何而戰？』對曰：『趙氏新出其屬曰臾駢，必實爲此謀，將以老我師也。趙有側室曰穿，晉君之壻也。有寵而弱，不在軍事。好勇而狂，且惡臾駢之佐上軍也，若使輕車肆焉，其可。』秦伯以璧祈戰于河。十二月戊午，秦軍掩晉上軍，趙穿追之不及，反怒曰：『裹糧坐甲，固敵是求，敵至不擊，將何俟焉。』軍吏曰：『將有待也。』穿曰：『我不知謀，將獨出』乃以其屬出。」

彘子以偏師陷。

案：「彘」當作「彘」。考左氏宣十二年：「夏六月，晉師救鄭。……及河，聞鄭既及楚平。桓子欲還。……彘子曰：『不可。……』以中軍佐濟。……韓獻子謂桓子曰：『彘子以偏師陷，子罪大矣！子爲元帥，師不用命，誰之罪也？失屬亡師，爲罪已重。不如進也！事之不捷，惡有所分，與其專罪，六人同之。不猶愈乎？』師遂濟。」

注：譬虎狼食生物，遂有殺人之怒。

案：莊子人間世：「汝不知夫養虎者乎。不敢以生物與之，爲其殺之之怒也。不敢以全物與之，爲其決之之怒也。

注：相如爲廉頗逡巡，兩得其利。

案：世說新語識鑒：「藺相如所以下廉頗也。」可爲此注注脚。「逡巡」卻退貌。文選司馬相如上林賦：「於是二子，愀然改容，超若自失，逡巡避席。」李善注：「廣雅曰，逡巡，却退也。」考史記卷八十一廉頗藺相如列傳：「以相如功大，拜爲上卿，位在廉頗之右。廉頗曰：『我爲趙將，有攻城野戰之大功。而藺相如，徒以口舌爲勞，而位居我上。且相如素賤人，吾羞，不忍爲之下。』宣言曰：『我見相如，必辱之。』相如聞，不肯與會。相如每朝時，常稱病，不欲與廉頗爭列。已而相如出，望見廉頗，相如引車避匿。」又「相如曰：『顧吾念之，彊秦之所以不敢加兵於趙者，徒以吾兩人在也。今兩虎共鬭，其勢不俱生。吾所以爲此者，以先國家之急，而後私讎也。』廉頗聞之，肉袒負荊，因賓客，至藺相如門，謝罪曰：『鄙賤人，不知將軍寬之至此也。』卒相與驩，爲刎頸之交。」

注：灌夫不爲田蚡持下，兩得其尤。

案：史記卷一百七魏其武安侯列傳：「夏，丞相取燕王女爲夫人，有太后詔，召列侯宗室皆往賀。……飲酒酣，武安起爲壽，坐皆避席伏。已魏其侯爲壽，獨故人避席耳。餘半膝席。灌夫不悅，起行酒至武安。武安膝席曰：『不能滿觴。』夫怒，因嘻笑曰：『將軍貴人也，屬之！』時武安不肯。行酒次至臨汝侯，臨汝侯方與程不識耳語，又不避席。夫無所發怒，乃罵臨汝侯曰：『生平毀程不識，不直一錢。今日長者爲壽，乃效女兒呫囁耳語！』武安謂灌夫曰：『程、李俱東西宮衞尉，今衆辱程將軍，仲孺獨不爲李將軍地乎？』灌夫曰：『今日斬頭陷匈，何知程、李乎？』……武安遂怒曰：『此吾驕灌夫罪。』……劾灌夫罵坐不敬，繫居室。遂按其前事，遣吏分曹，逐捕諸灌氏支屬，皆得弃市罪……其春武安侯病，專呼服謝罪，使巫視鬼者視之，見魏其、灌夫共守欲殺之，竟死。」史記此文亦見漢書卷五十二灌夫傳，惟文字略有異耳。

注：兩虎共鬪，小者死，大者傷。

案：戰國策秦策二：「有兩虎諍人而鬪者，管莊子將刺之。管與止之曰：『虎者戾蟲，人者甘餌也。今兩虎諍人而鬪，小者必死，大者必傷。子待傷虎而刺之，則是一擧而兼兩虎也。無刺一虎之勞，而有刺兩虎之名。』」此秦策語亦見於史記張儀列傳，惟文字略異。

必依託於事，餙成端末。

案：四庫全書本、葉刊評點本「餙」竝作「飾」。古今圖書集成交誼典第一一二卷忿爭部總論引亦作「飾」。顧定芳刊本作「餙」。案「飾」或作「飭」，俗作「餙」。劉昞注本文云：「凡相毀謗，必因事類而飾成之」，「餙」亦作「飾」。說文七下食部：「飾，㕞也，从巾从人，从食聲，讀若式，一曰襐飾。」段玉裁注曰：「又部㕞，飾也，二篆爲轉注。飾、拭古今字。凡物去其塵垢，即所以增其光采，故㕞者飾之本義，而凡踵事增華皆謂之飾，則其引伸之義也。」

已之校報。

案：葉刊評點本「校」作「挍」。「校」與「挍」通。考說文六上木部段玉裁注云：「陸德明曰，比挍字，當從手旁。張參五經文字，手部曰，挍，經典及釋文，或以爲比挍字。」

爲貸手以自毆。

案：喻林卷三引「以」作「而」。「以」猶「而」也（義見經傳釋詞）。

則由我曲而彼直也。

案：左氏僖二十八年：「我曲楚直，其衆素飽。」

是故藺相如，以廻車決勝於廉頗。

案：藺相如與廉頗事已見前。

注：材鈞而不爭優劣，衆人善其讓。

案：梁夢龍刊本「鈞」作「均」。「鈞」，等也，同也，與「均」通。禮記投壺：「均則曰左右鈞。」注：「鈞，猶等也。」孟子告子上：「鈞是人也。」注：「鈞，同也。」說文十四上金部：「鈞三十斤也。」段玉裁注云：「鈞者，均也。按古多叚鈞爲均。」又十三下土部：「均，平徧也。」段玉裁注云：「叚鈞爲均。」集韻平聲諄韻亦云：「均，通作鈞。」是「鈞」「均」通用之證。

宼恂以不鬬，取賢於賈復。

案：「宼」乃「寇」之俗字。此文出於後漢書。考寇恂傳云：「執金吾賈復，在汝南，部將殺人於潁川，恂捕得繫獄。時尚草創，軍營犯法，率多相容，恂乃戮之於市。復以爲恥歎，還過潁川，謂左右曰：『吾與寇恂並列將帥，而今爲其所陷，大丈夫，豈有懷侵怨而不決之者乎，今見恂，必手劒之！』恂知其謀，不欲與相見。谷崇曰：『崇，將也，得帶劒侍側。卒有變，足以相當。』恂曰：『不然。昔藺相如不畏秦王，而屈於廉頗者，爲國也。區區之趙，尚有此義，吾安可以忘之乎？』乃勑屬縣盛供具，儲酒醪，執金吾軍入界，一人皆兼二人之饌。恂乃出迎於道，稱疾而還。賈復勒兵，欲追之，而吏士皆醉，遂過去。恂遣谷崇以狀聞，帝乃徵恂。恂至引見，時復先在坐，欲起相避。帝曰：『天下未定，兩虎安得私鬭！今日朕分之。』於是並坐極歡，遂共車同出，結友而去。」

注：龍蛇之蟄以存身，尺蠖之屈以求伸。

案：易繫辭傳下：「往者屈也；來者信也。屈信相感而利生焉。尺蠖之屈，以求信也；龍蛇之蟄，以存身也。」迺此注所本。案「伸」與「信」通。說文三上人部：「信，誠也。」段玉裁注云：「古多以爲屈伸之伸。」又八上人部：「伸，屈伸。」段玉裁注云：「伸，古經傳皆作信。韋昭漢書音義云，信古伸字。」集韻平聲眞韻：「說文屈伸，經典作信，通作申。」釋名釋言語：「信，申也，言以相申，束使不相違也。」又說文十三上虫部：「蠖，尺蠖，詘申蟲也。」段玉裁注云：「詘，各本作屈非，今正。詘者詰詘也，曲也。易毄辭曰，尺蠖之詘，以求信也。信古伸字。」詩邶風擊鼓：「不我信兮。」箋：「信，即古伸字也。」咸其證。

注：韓信屈於跨下之辱。

案：史記淮陰侯列傳：「淮陰屠中少年，有侮信者。曰：『若雖長大好帶刀劍，中情怯耳。』衆辱之曰：『信能死刺我。不能死出我袴下。』於是信孰視之，俛出袴下蒲伏。一市人皆笑信以爲怯。」劉昞語出於此。事又見於漢書卷三十四韓信傳，惟文字略異。

注：展喜犒齊師之謂也。

案：左氏僖二十六年：「夏，齊孝公伐我北鄙，衞人伐齊，兆之盟故也。公使展喜犒師，使受命于展禽。齊侯未入境，展喜從之。曰：『寡君聞君親舉玉趾，將辱於敝邑，使下臣犒執事。』齊侯曰：『魯人恐乎。』對曰：『小人恐矣，君子則否。』齊侯曰：『室如縣罄，野無青草。何恃而不恐。』對曰：『恃先王之命。昔周公大公股肱周室，夾輔成王，成王勞之，而賜之盟，曰：世世子孫，無相害也。』……齊侯乃還。」

乃轉禍而爲福。

案：戰國策燕策一：「（蘇秦）對曰：『聖人之制事也，轉禍而爲福，因敗而爲功；故桓公負婦人，而名益尊，韓獻開罪，而交愈固，此皆轉禍而爲福，因敗而爲功者也。……此霸王之業矣；所謂轉禍爲福，因敗成功者也。』」

注：晉文避楚三舍，而有城濮之勳。

案：左氏僖二十八年：「……公說，乃拘宛春於衞，且私許復曹衞。曹、衞告絕於楚。

子玉怒，從晉師，晉師退。……子犯曰：『師直爲壯，曲爲老，豈在久乎？微楚之惠不及此，退三舍辟之，所以報也。背惠食言，以亢其讎，我曲楚直，其衆素飽，不可謂老！我退而楚還，我將何求？若其不還，君退臣犯，曲在彼矣！』退三舍，楚衆欲止，子玉不可。夏四月戊辰，晉侯、宋公、齊國歸父、崔夭，秦小子慭，次于城濮。楚師背酅而舍。……」

注：相如下廉頗而爲刎頸之交。

案：史記卷八十一廉頗藺相如列傳：「廉頗聞之，肉袒負荊，因賓客，至藺相如門前謝曰：『鄙賤人，不知將軍寬之至此也。』卒相與驩，爲刎頸之交。」（已見前）

注：小人以小惡爲無傷而不去，故罪大不可解，惡積不可救。

案：易繫辭傳下：「善不積不足以成名，惡不積不足以滅身。小人以小善爲無益而弗爲也，以小惡爲無傷而弗去也。故惡積而不可掩，罪大而不可解。」

注：涓涓不息，遂成江河。

案：說苑敬慎：「熒熒不滅，炎炎若何；涓涓不壅，將成江河。緜緜不絕，將成網羅；青青不伐，將尋斧柯。」孔子家語觀周篇引文略異。

注：水漏覆舟。

案：戰國策韓策二：「乘舟，舟漏而弗塞，則舟沈矣。塞漏舟，而輕陽侯之波，則舟覆矣。」

是故陳餘以張耳之變，卒受離身之害。

案：此文出於史記卷八十九張耳陳餘列傳云：「漢，二年，東擊楚，使使告趙，欲與俱。陳餘曰，漢殺張耳，乃從。於是漢王求人類張耳者斬之，持其頭遺陳餘，陳餘乃遣兵助漢。漢之敗於彭城西，陳餘亦復覺張耳不死，即背漢。漢三年，韓信已定魏地，遣張耳與韓信，擊破趙井陘，斬陳餘泜水上。」

彭寵以朱浮之郄，終有覆亡之禍。

案：後漢書卷十二彭寵傳：「朱浮與寵不相能，浮數譖搆之。建武二年春，詔徵寵，寵意浮賣己，上疏願與浮俱徵。又與吳漢、蓋延等書，盛言浮枉狀，固求同徵。帝不許，益以自疑。而其妻素剛，不堪抑屈，固勸無受召。寵又與常所親信吏計議，皆懷怨於浮，莫有勸行者。帝遣寵從弟子后蘭卿喻之，寵因留子后蘭卿，遂發兵反。五年春，蒼頭子密等斬寵及妻頭，置囊中，便持記馳出城，因以詣闕。」又卷三十三朱浮傳：「浮年少有才能，頗欲厲風迹，收士心。及王莽時故吏二千石，皆引置幕府，乃多發諸郡倉穀，稟贍其妻子。漁陽太守彭寵以為天下未定，師旅方起，不宜多置官屬，以損軍實，不從其令。浮性矜急自多，頗有不平，因以峻文詆之，寵亦很強，兼負其功，嫌怨轉積。浮密奏寵遣吏迎妻而不迎其母，又受貨賄，殺害友人，多聚兵穀，意計難量。寵既積怨，聞遂大怒，而舉兵攻浮。明年，涿郡太守張豐亦舉兵反。後豐、寵並自敗。」二說不同。

注：是以宗夷而族覆也。

案：四庫全書本「覆」作「滅」，是。上文「郄至上人，而抑下滋甚，王叔好爭，而終于出犇」注：「或宗遺族滅或迯禍」正作「滅」。

注：二女爭桑，吳楚之難作。

案：史記卷三十一吳太伯世家：「初，楚邊邑卑梁氏之處女與吳邊邑之女爭桑。二女家怒相滅。兩國邊邑長聞之，怒而相攻，滅吳之邊邑。吳王怒，故遂伐楚，取兩都而去。」（吳越春秋上卷一吳太伯傳卑梁作胛梁）卷六十六伍子胥傳：「楚平王以其邊邑鍾離與吳邊邑卑梁氏俱蠶，兩女子爭桑相攻，乃大怒，至於兩國舉兵相伐。吳使公子光伐楚，拔其鍾離、居巢而歸。」卷四十楚世家：「初，吳之邊邑卑梁與楚邊邑鍾離小童爭桑。兩家交怒相攻，滅卑梁人。卑梁大夫怒，發邑兵攻鍾離。」考吳太伯世家、伍子胥傳皆云兩女爭桑，楚世家則云小童爭桑；吳太伯世家以卑梁屬楚（呂氏春秋察微篇同），伍子胥傳、楚世家則以卑梁屬吳，所云雖異，然其指楚、吳為爭桑啓戰端一事則一也。

季郈鬪雞，魯國之釁作。

案：左昭二十五年傳：「季郈之鬪雞，季氏介其雞，郈氏為之金距。平子怒，益宮於郈氏，且讓之。」淮南子人間篇：「魯季氏與郈氏鬪雞。郈氏介其雞，而季氏為之金距，季氏之雞不勝，季平子怒，因侵郈氏之宮而築之，郈昭伯怒傷之。」又「故禍之所從生者，始於雞足，及其大也，至於亡社稷。」考左傳作季氏介其雞，郈氏為之金距。呂覽察微、淮南人間竝作郈氏介其雞，季氏為之金距，與左文異。又左傳賈逵注云，介，甲也。杜預注云，擣芥子。孔疏云，一讀介為芥，擣芥子為末，播其雞羽。高誘注呂覽、淮南則又異。注呂覽云，甲也，注淮南則云，介以芥菜塗其雞翅也，注出一人，而兩異其說，蓋漢以前經師之說本如此，高故兩存之也。陸德明左傳釋文，介本作芥。案季郈鬪雞一語，亦見於荊楚歲時記「鬪雞鏤雞子鬪雞子」條。

注：修己以敬。

案：論語憲問：「子路問君子。子曰：『脩己以敬。』」蓋此注所本。

靜則閉嘿，泯之玄門。

案：老子一章：「玄之又玄，衆妙之門。」

注：干戈不用。

案：荀子成相：「禹勞心力，堯有德。干戈不用，三苗服。」

若然者，悔恡不存于聲色。

案：「恡」字非，是「悋」之訛。「悋」，本作「吝」，俗作「恪」「悋」。「悔悋」與「悔吝」同。古今圖書集成交誼典第一一二卷忿爭部總論引作「悔恪」，已从俗。案今本作「恡」者，蓋從其俗而又誤者也。四庫全書本正作「悋」，宜正之。又四庫全書本「于」作「於」。「于」「於」古通。（說見前）

險而與之訟，是柙兕而攖虎，其可乎。

案：葉刊評點本「攖」訛作「櫻」，甚謬。孟子盡心下：「虎負嵎，被之敢攖。」注：「攖，迫也。」喻林卷三引不誤。他本亦不誤。

易曰，險而違者訟，訟必有衆起。

案：易訟彖傳：「訟上剛下險，險而健訟。」又序卦曰：「訟必有衆起，故受之以師。」迺此注所本。今本「違」作「健」，或古本有作「違」字者。

老子曰，夫惟不爭，故天下莫能與之爭。

案：老子第六十六章云：「以其不爭，故，天下莫能與之爭。」迺此文所本。

大無功而自矜，一等。

案：「大無功」，義不可通。「大」即「本」之誤。「本無功而自矜」，於文爲順。四部備要本正作「本」。

注：空虛自矜，故爲下等也。

案：「也」字疑衍。下注云：「推功於物，故爲上等。」「不自量度，故爲下等。」「自美其能，故爲中等。」「歸善於物，故爲上等。」「性不恕人，故爲下等。」「褊戾峭刻，故爲中等。」「謹身恕物，故爲上等。」竝無「也」字，咸其證。當據刪。

三變而後得之，故人莫能遠也。

案：四庫全書本「莫能遠」作「莫能及」。案本文注：「小人安其下等，何由能及哉」，則「及」字是也。「遠」「及」義相反。

是故孟之反以不伐，獲聖人之譽。

案：「孟子反」，迺魯大夫「孟之側」也。論語雍也：「子曰，孟之反不伐，奔而殿，將入門，策其馬曰，非敢後也，馬不進也。」集解：「孔曰，魯大夫孟之側，與齊戰，軍大敗。不伐者，不自伐其功。」左氏哀十一年：「孟之側後，入以爲殿，抽矢策其馬曰：『馬不進也。』」

管叔以辭賞，受嘉重之賜。

案：「管叔」，迺「管仲」「鮑叔」也。左氏僖十二年：「冬，齊侯使管夷吾平戎于王，使隰朋平戎于晉，王以上卿之禮，饗管仲，管仲辭曰：『臣賤有司也，有天子之二守國高在，若節春秋來承王命，何以禮焉。陪臣敢辭。』王曰舅氏：『余嘉乃勳，應乃懿德，謂督不忘，往踐乃職，無逆朕命。』管仲受下卿之禮而還。君子曰：『管氏之世祀也，宜哉！讓不忘其上。』」又國語齊語：「桓公自莒反於齊，使鮑叔爲宰。辭曰：『臣君之庸臣也。君加惠於臣，使不凍餒，則是君之賜也。若必治國家者，則非臣之所能也。若必治國家者，則其管夷吾乎。』」又史記管晏列傳：「鮑叔既進管仲，以身下之。子孫世祿於齊，有封邑者十餘世。」

夫豈詭遇以求之哉！

案：孟子滕文公下：「（王良）曰：『吾爲之範我馳驅，終日不獲一。爲之詭遇，一朝而獲十。』」趙注：「橫而射之曰詭遇。」

注：謙尊而德光。

案：易謙彖辭：「謙尊而光，卑而不可踰。君子之終也。」又繫辭傳下：「謙尊而光。」

則光暉煥而日新。

案：易未濟象辭：「君子之光其暉，吉也。」又繫辭傳上：「日新之謂盛德。」

注：遠燕雀於啁啾。

案：禮三年問：「至於燕雀猶有啁噍之頃焉。」（案說文二上口部，段玉裁注啾云，三年問，啁噍之頃，此假噍爲啾也。集韻平聲尤韻云，噍通作啾）

附錄一　人物志敍錄

郭模輯

一、三國志魏志劉邵傳：劉劭字孔才，廣平邯鄲人也。黃初中，爲尚書郎、散騎侍郎。凡所撰述，法論、人物志之類百餘篇。

二、魏書劉昞傳：劉昞字延明，敦煌人也。李暠私署徵爲儒林祭酒從事中郎。昞以三史文繁著略記百三十篇八十四卷，涼書十卷，敦煌實錄二十卷、方言三卷、靖恭堂銘一卷，注周易、韓子、人物志、黃石公三略並行於世，蒙遜平酒泉，拜秘書郎專管注記。世祖平涼州，拜樂平王從事中郎（亦見於北史卷三十四劉延明傳）。

三、史通自序篇：「五常異稟，百行殊軌，能有兼偏，知有長短，苟隨才而任使，則片善不遺，必求備而後用，則舉世莫可。故劉邵人物志生焉。」

四、隋書經籍志子部名家：人物志三卷劉邵撰。

五、唐馬總意林：人物志三卷劉邵。案邵旁魏志从力釋文从卩。

六、舊唐書經籍志丙部子錄名家類：人物志三卷劉邵撰。

七、新唐書藝文志丙部子錄名家類：劉邵人物志三卷。劉炳注人物志三卷。

八、宋鄭樵通志藝文略名家：人物志三卷魏劉邵撰，僞涼劉昺注。

九、宋晁公武郡齋讀書志子類名家：人物志三卷（王先謙曰袁本三卷）右魏邯鄲劉劭孔才撰，僞涼燉煌劉昞注。邵以人之才器（覆案通考器作簽）志尙不同，當以九徵、八觀、審察而任使之凡十二（覆案通考十六）篇。邵郄慮所薦，慮譖殺孔融者不知在劭書爲何等而劭受其知也（王先謙曰，案袁本作右魏劉邵撰，凡一十二篇，僞涼劉昞注，以人物情性、志氣不同，當審察材理各分等列云）。

十、宋王應麟玉海五十七：劉劭人物志三卷，魏散騎常侍。崇文目三卷。劉昞注人物志三卷涼祭酒字延明。中興書目二卷。述人性品有上下、材質有邪正，欲考諸行事而約之中庸十二篇。九證、體別、流業、材理、材能、利害、接識、英雄、八觀、七繆、效難、釋事。李德裕人物志論以爲索隱精微，研幾玄妙，然品人物不倫，以管仲、商鞅俱爲法家，是不究成敗之術也。以子產、西門豹俱爲器能，是不辨精麤之迹也。其甚者曰，辨不入道，而應對資給是謂口辯，樂毅、曹丘生是也。一人之身兼有英雄，高祖、項羽是也。

十一、宋陳振孫直齋書錄解題名家：人物志三卷，魏散騎常侍，邯鄲劉劭孔才撰，梁儒林祭酒燉煌劉昞注，梁史無劉昞，中興書目云爾。晁氏云，僞涼人。

十二、宋史藝文志子部名家類：卽郡人物志二卷。姚振宗云：卽郡二字並寫刊之誤。

十三、元馬端臨文獻通考經籍考子名家：人物志三卷。晁氏曰，魏邯鄲劉劭孔才撰，僞涼燉煌劉昞注，以人之材器、志尚不同，當以九徵、八觀審察而任使之凡十六篇。劭郄慮所薦，慮譖殺孔融者不知在劭書爲何等而劭受其知也。陳氏曰，梁史無劉昞，中興書目云爾。晁氏云僞涼人也。

十四、明楊士奇文淵閣書目　荒字號第一厨書目子雜：劉劭人物志一部一册闕。

十五、明焦　竑　國史經籍志子類名家：人物志三卷魏劉劭撰涼劉昺注。

十六、清孫星衍廉石居臧書記：人物志三卷，魏劉邵撰，涼劉昞注，阮逸爲之序。明鈔本後有王三省跋。此書隋志及舊唐志皆三卷，入名家，唐志始載劉炳注，卽此本也。其書出於虞書敎冑，文王官人之學，邵疾時無知人之明，又不能器使也，卽入儒家亦宜。嘗見有乾隆九年，中州彭家屏刊在南州本。敍稱，於塗君延年處，借得宋帙，重爲翻本，然文字脫落，反不及此本之善，因爲補完，以歸臧文學鏞堂。

七、清周中孚鄭堂讀書記子部雜家類：人物志三卷，墨海金壺本 魏劉邵撰，北魏劉昞注，邵字孔才，邯鄲人，黃初中官散騎常侍，正始中賜爵關內侯。昞字延明，燉煌人，涼李暠時官儒林祭酒，沮渠蒙遜平酒泉，授秘書郎。魏太武時又授樂平從事中郎，卷首題爲涼人誤也。

四庫全書著錄隋志名家作三卷而不言是劉昞注。新舊唐志名家既載三卷之本，而復載劉昞注三卷。讀書志、書錄解題、通志、通考、惟載昞注三卷。崇文目宋志所載，俱不言及昞注，大都卽有注本也。其書凡九徵、體別、流業、材理、才能、利害、接識、英雄、八觀、七繆、效難、釋爭十二篇。宋阮逸序之，稱其述性品之上下，材質之兼偏，研幽摘微，一貫于道，若度之長短，權之輕重，無銖髮蔽也，大抵考諸行事而約人于中庸之域，誠一家之善志也。又稱是書，博而暢，辨而不肆，非眾說之流也，王者得之，爲知人之龜鑑，士君子得之，爲治性修身之檠栝，其效不爲小矣此本載阮逸序闕其名氏。蓋其學雖出于名家，不悖于儒家之旨也。延明著書甚富，存者惟有是注，其注疏通大義不沾沾于訓詁，詞致簡括，尚有輔嗣注老子元注莊遺意，且併孔才原序注之則又得乎經學家法矣。前又有宋公序庠、孔才、延明兩記，末有王三省，後序文寬夫跋。三省、寬夫，亦皆宋人也。明隆慶壬申鄭旻所刊猶屬古本，至萬厤甲申河間劉用霖取其舊版而修之。文瀾閣本卽據劉本寫定，此本亦從劉本校梓，冠以提要一篇。漢魏叢書所收，止有阮逸一序，而譌題晉人云。

六、清錢侗崇文總目輯釋名家類：人物志三卷，劉劭撰（錢侗曰，按玉海引崇文目同）。

七、清四庫全書總目子部雜家類：人物志三卷魏劉卲撰，卲字孔才，邯鄲人，黃初中，官散騎常侍，正始中賜爵關內侯，事迹具三國志本傳，別本或作劉劭或作劉邵。此書末有宋庠跋云，據今官書魏志作勉劭之劭，從力，他本或從邑者晉邑之名。案字書此二訓外，別無他釋，然俱不協孔才之義。說文則爲卲，音同上，但召旁從卩耳，訓高也。李舟切韻訓美也，高美又與孔才義符。揚子法言曰，周公之才之卲是也，所辨精核，今從之。其註爲劉昞所作。昞字延明，燉煌人，舊本名上結銜，題涼儒林祭酒，蓋李暠時嘗授是官，然十六國春秋稱沮渠蒙遜平酒泉，授昞秘書郎專管注記。魏太武時，授樂平從事中郎，則昞歷事三主，惟署涼官者誤矣。卲書凡十二篇，首尾完具。晁公武讀書志作十六篇，疑傳寫之誤。其書主於論辨人才，以外見之符，驗內藏之器，分別流品，研析疑似，故隋志以下，皆著錄於名家，然所言究悉物情，而精覈近理，視尹文之說，兼陳黃老申韓公孫龍之說，惟析堅白同異者迥乎不同。蓋其學雖近乎名家，其理則弗乖於儒者也。昞註不涉訓詁，惟疏通大意而文詞簡古，猶有魏晉之遺。漢魏叢書所載，惟每篇之首存其鮮題十六字，且以卷首阮逸之序僞題晉人，殊爲疏舛。此本爲萬曆甲申河閒劉用霖所刊，蓋用隆慶壬申鄭旻舊板而修之猶古本云。

三、清四庫全書簡明目錄：魏劉邵撰，北魏劉昞註，凡十二篇。大旨主於論辨人材，以外見之符，驗內藏之器，分別流品，研析疑似。其學出於名家，而大旨則不悖於儒者。昞註疏通大義，不沾沾於訓詁，文詞簡括，亦有魏晉之遺。

附錄二　人物志稱引人物表

本表係依篇目次第暨人名出現之先後編製。篇目下列出劉邵原文稱引人名，又冠以「△」號，摘錄劉昞注稱引人名。凡有以封邑稱引，或易混淆者，則括以圓弧，加以標明（如：季札封於延陵，因號延陵季子。食其係審食其，非酈食其）。

流業第三：：延　陵（吳季札）　晏　嬰　管　仲　商　鞅　范　蠡　張　良

伊　尹　呂　望　子　產　西門豹　子　夏　張　敞　趙廣漢

陳　平　韓安國　司馬遷　班　固　毛　公　貫　公　樂　毅

曹丘生　白　起　韓　信

材理第四：：△顏　回　△蒼　舒　△子　展　△叀　駢　△伊　藉　△吳　王（孫　權）

△郭　淮　△魏　帝（魏文帝）　△墨　子　△毛　遂

利害第六：：△商　君（商　鞅）　△吳　起

接識第七：：△商　君（商　鞅）　△李　兌　△蘇　秦　△管　蔡（管叔鮮、蔡叔度）

英雄第八：：張　良　韓　信　△張　良　△韓　信　高　祖　項　羽　項　羽

范　增　范　增　陳　平　高　祖

八觀第九：：△伊　尹（伊　尹）　△太　甲（帝太甲）　△　桀　（夏　桀）

△紂　（殷　紂）　△驩　兜　△仲　尼　△子　羽　△公　孫（公孫弘）

△卜　式　△孔　光　△董　賢　△宮之奇　△尾　生

七繆第十：文王（周文王）△紂 △沛公 △項羽 △童烏 △蒼舒
△公孫（公孫弘）△原壤 △仲尼 △鄧艾 △朱建 △食其
（審食其）△曹丘（曹丘生）△季布 △馮唐 △主父偃 △鬷蔑
△江充 △甘羅 △鄭伯（鄭文公）△燭武（燭之武）△光武
（漢光武）△朱俘 △秦穆（秦穆公）△蹇叔 △隗囂 △王元
韓信 張良 △伊（伊尹）△管蔡（管叔鮮、蔡叔度）

效難第十一：△世祖（漢光武）△龐萌 △曹公（曹操）△董卓 △李軼
△光武（漢光武）△聖公（更始）△公叔座（公叔痤）△商鞅
△魏王（魏惠王）△禽息 △百里奚 △竇后 △何由 △卞和
△何武 △公孫錄（公孫祿）

釋爭第十二：郄至（郤至）△趙穿 △相如（藺相如）△廉頗 △灌夫
△田蚡 藺相如 廉頗 寇恂 賈復 △廉賈（廉頗
賈復）△韓信 △展喜 △晉文（晉文公）△相如（藺相如）
△廉頗 陳餘 張耳 彭寵 朱浮 老子 管叔
（管叔鮮）

附錄三　重要參考書目

一、經部：

周易正義	唐孔穎達	宏業書局阮刻注疏本
尙書正義	唐孔穎達	宏業書局阮刻注疏本
毛詩正義	唐孔穎達	宏業書局阮刻注疏本
韓詩外傳	漢韓　嬰	漢魏叢書本，又四部叢刊本
周禮注疏	唐賈公彥	宏業書局阮刻注疏本
禮記正義	唐孔穎達	宏業書局阮刻注疏本
大戴禮記	漢戴　德	漢魏叢書本
春秋左傳正義	唐孔穎達	宏業書局阮刻注疏本
春秋公羊傳注疏	唐徐　彥	宏業書局阮刻注疏本

春秋穀梁傳注疏	唐楊士勛	宏業書局阮刻注疏本
論語注疏	宋邢　昺	宏業書局阮刻注疏本
爾雅注疏	宋邢　昺	宏業書局阮刻注疏本
爾雅義疏	清郝懿行	四部備要本
孟子注疏	宋孫　奭	宏業書局阮刻注疏本
孟子正義	清焦循焦琥	世界書局本
孟子字義疏證	清戴　震	河洛圖書出版社本
春秋繁露	漢董仲舒	漢魏叢書本
經典釋文	唐陸德明	通志堂經解本
方　言	漢揚　雄	漢魏叢書本
釋　名	漢劉　熙	四部叢刊本
匡謬正俗	唐顏師古	關中叢書本
廣雅疏證	清王念孫	四部備要本
經傳釋詞	清王引之	世界書局本
經義述聞	清王引之	廣文書局本

羣經平議	清俞　樾	春在堂全書本
左傳博議拾遺	清朱元英	金陵叢書本
經籍纂詁	清阮　元	泰順書局本
急救篇補注	宋王應麟	商務叢書集成本
說文解字注	清段玉裁	藝文印書館景經韻樓本
說文通訓定聲	清朱駿聲	藝文印書館本
說文解字義證	清桂　馥	廣文書局本
大廣益會玉篇	梁顧野王	小學彙函本
六書故	宋戴　侗	四庫全書珍本
字　鑑	元李文仲	四庫全書珍本
廣　韻	宋陳彭年	藝文印書館景澤存堂本
集　韻	宋丁　度	鈔本（中圖藏）
一切經音義	唐釋玄應	叢書集成本
	唐釋慧琳	大通書局影印日本翻刻麗藏本
續一切經音義	遼釋希麟	大通書局影印頻伽精舍藏本

古書虛字集釋	裴學海	廣文書局本
詞　詮	楊樹達	商務印書館本

二、史　部：

史　記	漢司馬遷	百衲本
史記會注考證	日本瀧川資言	宏業書局本
漢　書	漢班　固	文光出版社本
後漢書	宋范　曄	宏業書局本
三國志	晉陳　壽	宏業書局本
晉　書		百衲本
宋　書	梁沈　約	百衲本
南齊書	梁蕭子顯	百衲本
梁　書	唐姚思廉	百衲本
陳　書	唐姚思廉	百衲本
魏　書	北齊魏收	百衲本
北齊書	唐李白藥	百衲本
周　書	唐令狐德棻	百衲本

隋書	唐魏徵	百衲本
南史	唐李延壽	百衲本
北史	唐李延壽	百衲本
舊唐書	晉劉昫	百衲本
新唐書	宋歐陽脩	百衲本
宋史		百衲本
資治通鑑	宋司馬光	文光出版社本
續資治通鑑	清畢沅	文光出版社本
繹史	清馬驌	廣文書局本
逸周書	晉孔晁注	漢魏叢書本
通志	宋鄭樵	浙興書局本
路史	宋羅泌	四部備要本
國語注	吳韋昭注	藝文印書館本
戰國策校注	宋鮑彪	四部叢刊本
穆天子傳	晉郭璞注	四部叢刊本

越絕書　漢袁　康　四部叢刊本
吳越春秋　漢趙　曄　四部叢刊本
別本十六國春秋　魏崔　鴻　四部備要本
列女傳　漢劉　向　四部備要本
歲華紀麗　唐韓　鄂　藝文印書舘本
三輔黃圖　四部叢刊續編本
荊楚歲時紀　梁宗　懍　藝文印書舘本
文獻通考　元馬端臨　新興書局本

三、子　部：

孔子家語　魏王　肅　四部叢刊本
荀子集解　清王先謙　藝文印書舘本
孔叢子　漢孔　鮒　百子全書本
新　語　漢陸　賈　漢魏叢書本
新　書　漢賈　誼　漢魏叢書本
鹽鐵論　漢桓　寬　四部備要本

新序	漢劉向	漢魏叢書本
說苑	漢劉向	四部叢刊本，又漢魏叢書本
法言	漢揚雄	四部叢刊本
申鑒	漢荀悅	漢魏叢書本
中論	漢徐幹	百子全書本
黃石公三略	周尉繚	叢書集成簡編本
素書	漢黃石公	漢魏叢書本
管子注	唐房玄齡	四部叢刊本
鄧析子校正	齊晏嬰	萬有文庫薈要本
韓非子		四部叢刊本
韓非子集釋	陳奇猷	河洛圖書出版社本
齊民要術	後魏賈思勰	四部叢刊本
蠶書	宋秦觀	叢書集成簡編本
本草綱目	明李時珍	藝文印書館本
周髀算經	漢趙君卿	四部叢刊本

墨　子		四部叢刊本
尹文子校正	王愷鑾	萬有文庫薈要本
鶡冠子	宋陸　佃	四部叢刊本
尸　子	清汪繼培輯	湖海樓刊本（中圖藏）
公孫龍考	胡道靜	商務人人文庫本
公孫龍與公孫龍子	何啓民	商務印書館本
呂氏春秋集釋	許維遹	世界書局本
淮南鴻烈解	漢高　誘	藝文印書館本
金樓子	梁孝元皇帝	百子全書本
顏氏家訓	齊顏之推	漢魏叢書本
長短經	唐趙　蕤	函海本、世界書局本、中國子學名著集成本（烏絲蘭鈔本）
白虎通德論	漢班　固	漢魏叢書本
獨　斷	漢蔡　邕	漢魏叢書本
古今注	晉崔　豹	四部叢刊續編本
野客叢書	宋王　楙	說郛本

困學紀聞	宋王應麟	四部叢刊續編本
譚苑醍醐	明楊　慎	函海本
丹鉛雜錄	明楊　慎	函海本
石鼓文音釋	明楊　慎	函海本
謝華啓秀	明楊　慎	函海本
哲匠金桴	明楊　慎	函海本
秇林伐山	明楊　慎	函海本
六一筆記	宋歐陽脩	說郛本
焦氏筆乘	明焦　竑	叢書集成簡編本
讀子隨識	明陶宗儀	說郛本
曰知錄	明顧炎武	粹文堂本
鄭堂讀書記	清周中孚	世界書局本
札　迻	清孫詒讓	世界書局本
札　樸	清桂　馥	世界書局本
讀書脞錄	清孫志祖	廣文書局本

瞥記	清梁玉繩	大華印書舘本
讀書雜釋	清徐　鼒	金陵叢書本
廉石居藏書記	清孫星衍	叢書集成簡編本
羣書拾補	清盧文弨	叢書集成簡編本
癸巳存稿	清俞正燮	叢書集成簡編本
讀書雜志	清王念孫	商務人人文庫本
東塾讀書記	清陳　澧	廣文書局本
觀堂集林	清王國維	世界書局本
四庫全書考證	清王太岳	商務國學基本叢書本
四庫提要辨證	清余嘉錫	藝文印書舘本
論衡	漢王　充	漢魏叢書本
風俗通義	漢應　劭	漢魏叢書本
意林	唐馬　總	四部集要本，又藝文類書薈編本，又四部叢刊本
類說	宋曾　慥	藝文印書舘本

說郛	明陶宗儀	商務印書館本
古今同姓名錄	梁孝元皇帝	函海本
藝文類聚	宋歐陽脩	新興書局景宋刻本
皇覽	清孫馮翼輯	叢書集成簡編本
北堂書鈔	唐虞世南	新興書局景南海孔氏本
初學記	唐徐堅	新興書局景明刻本
羣書治要	唐魏徵	叢書集成簡編本
白氏六帖事類集	唐白居易	新興書局景宋刻本
事類賦	宋吳淑	新興書局景明刊本
太平御覽	宋李昉	商務印書館景宋刊本
册府元龜	宋王欽若	清華書局本
事物紀原集類	宋高承	新興書局景明刻本
海錄碎事	宋葉廷珪	新興書局景明刻本
錦繡萬花谷	宋不著撰人	新興書局景明刊本
記纂淵海	宋潘自牧	新興書局景明刻本

羣書考索	宋章如愚	新興書局景明刻本
古今合璧事類備要	宋謝維新	新興書局景摹宋刻本
玉　海	宋王應麟	大化書局本
小學紺珠	宋王應麟	商務印書舘本
羣書類編故事	元王　罃	新興書局本
喻　林	明徐元太	新興書局景明刻本
天中記	明陳耀文	文源書局本
廣博物志	明董斯張	新興書局景明刻本
稗史彙編	明王　圻	新興書局景明刻本
淵鑑類函	清康熙帝敕撰	新興書局本
子史精華	清康熙帝敕撰	文海出版社本
古今圖書集成	清陳夢雷	文星書局本
西京雜記	漢劉　歆	漢魏叢書本
世說新語	宋劉義慶	四部叢刊本
唐摭言	五代王保定	叢書集成簡編本

述異記	梁任　昉	說郛本
老子注	魏王　弼	四部集要本
列子注	晉張　湛	百子全書本
莊子注	晉郭　象	四部集要本
翼　莊	晉郭　象	函海本
莊子集釋	清郭慶藩	河洛圖書出版社本
莊子翼	明焦　竑	金陵叢書本
文子注	唐徐靈府	世界書局本
抱朴子	晉葛　洪	四部叢刊本
雲笈七籤	宋張君房	四部叢刊本

四、集　部：

楚辭補注	宋洪興祖	四部叢刊本
朱文公校昌黎先生文集		四部叢刊本
文　選	唐李善注	文化圖書公司本
六臣注文選		四部叢刊本

古文苑　唐不著撰人　四部叢刊本
潛研堂文集　清錢大昕　四部叢刊本
全上古三代秦漢三國六朝文　清嚴可均　世界書局本
余嘉錫論學雜著　河洛圖書出版社本

五、其　他：

中國哲學原論導論篇　唐君毅　人生出版社
中國哲學原論原性篇　唐君毅　新亞研究所
中國哲學原論原道篇　唐君毅　新亞研究所
中國哲學史　勞思光　香港中文大學崇基學院
魏晉清談述論　周紹賢　商務印書館
魏晉思想與談風　何啓民　學生書局本
才性與玄理　牟宗三　學生書局本
人物志注校箋　岡村繁